全国大学生电子商务"三创"竞赛组委会推荐用书

筑梦"三创",温暖相伴
——全国大学生电子商务"三创"竞赛指导

苗 苗　毛美琳
杨子淇　谢 柯　著

西南交通大学出版社
·成都·

图书在版编目（CIP）数据

筑梦"三创"，温暖相伴：全国大学生电子商务"三创"竞赛指导／苗苗等著．—成都：西南交通大学出版社，2019.6
ISBN 978-7-5643-6930-9

Ⅰ.①筑… Ⅱ.①苗… Ⅲ.①电子商务-竞赛-高等学校-教学参考资料 Ⅳ.①F713.36

中国版本图书馆 CIP 数据核字（2019）第 118619 号

Zhumeng Sanchuang Wennuan Xiangban
筑梦"三创"，温暖相伴
——全国大学生电子商务"三创"竞赛指导

苗　苗　毛美琳
杨子淇　谢　柯　　著

责任编辑	罗爱林
封面设计	金荣晧　曹天擎
出版发行	西南交通大学出版社 （四川省成都市金牛区二环路北一段 111 号 西南交通大学创新大厦 21 楼）
发行部电话	028-87600564　028-87600533
邮政编码	610031
网址	http://www.xnjdcbs.com
印刷	四川煤田地质制图印刷厂
成品尺寸	170 mm × 230 mm
印张	10.75
插页	4
字数	166 千
版次	2019 年 6 月第 1 版
印次	2019 年 6 月第 1 次
书号	ISBN 978-7-5643-6930-9
定价	39.00 元

图书如有印装质量问题　本社负责退换
版权所有　盗版必究　举报电话：028-87600562

易小儿团队国赛获奖合影

易小儿团队参加成果对接会

易小儿团队国赛结束后合影

苗苗作为优秀指导老师接受颁奖

易小儿团队省赛合影

易小儿团队国赛结束后合影

易小儿团队与李琪老师合影

易小儿团队参加四川省电子商务协会颁奖晚会

易小儿团队前往注册公司

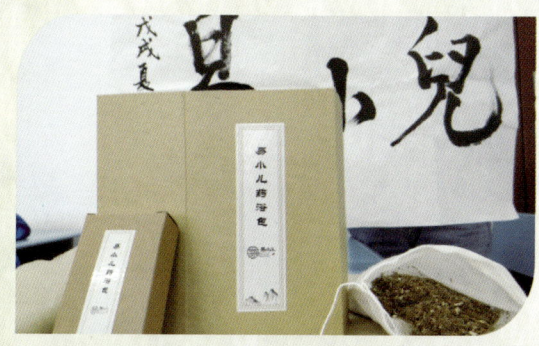
易小儿团队产品

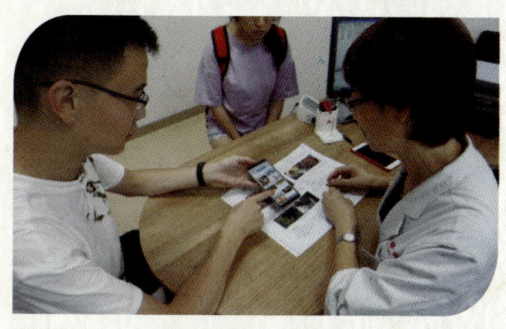
易小儿团队向专家导师寻求意见

易小儿团队被邀请参加内江电子商务论坛

调研到深夜的易小儿团队成员

易小儿团队成员前往食材基地调研

易小儿团队采访调研

易小儿团队成员分工

易小儿团队讨论方案

易小儿团队拍摄视频

序 1

"三创"赛经典案例
——为苗苗老师的"宝典"作序

习近平总书记在给大学生的回信中说：祖国的青年一代有理想、有追求、有担当，实现中华民族伟大复兴就有源源不断的青春力量。希望你们扎根中国大地了解国情民情，在创新创业中增长智慧才干，在艰苦奋斗中锤炼意志品质。

如何在新时代下提出创意、实现创新、完成创业，为中华民族的伟大复兴提供力量，已经成为当代大学生必须要思考的重要问题。在国际形势日新月异、经济水平飞速发展的新时代，中国电子商务（简称"电商"）经过20年的发展，取得的巨大的成绩，阿里巴巴、京东、唯品会等电商巨头发展态势喜人。一方面，电商由综合网购不断向母婴、跨境、农村等细分领域发展；另一方面，线上线下结合、企业合纵连横、大数据技术的运用，促使电商蓬勃发展。

在这样的大环境和大背景下，电商市场需要更多的优秀人才和更多的创新、创意及创业成果。所以，正如火如荼前进着的"全国大学生电子商务创新、创意及创业"挑战赛（以下简称"三创"赛），就是对处于即将进入社会的大学生非常好的历练选择，是广大青年学生展示自我，放飞梦想的重要舞台。

2009—2018年，每届"三创"赛都经过校赛、省级选拔赛和全国总决赛来锻炼和选拔参赛选手、队伍，其总决赛分别在杭州、西安、成都、武汉、太原等多地举办；参赛团队的数量也从第一届的1 500多支发展到第八届的40 000多支，除台湾地区外的全国各省、市、自治区都独立组团参赛。其规模越来越大、覆盖面越来越广、社会影响力也越来越大。"三创"赛已经走过了十个年头，举办了八届，取得了丰富的成果，许多优秀队伍在比赛中出彩，比赛中也呈现出许多具有发展意义的优秀方案。"三创"赛的质量显著提高，不少参赛项目瞄准社会重大需求：支农扶贫电商、跨境电商、健康电商、社交电商等，其论证甚至实施了方案，实现了创业。从中央政府到地方政府，从电商企业到互联网企业，从央视的"朝闻天下"到新媒体等逐步融入大赛之中。

　　创新、创意及创业是一个完整的逻辑闭环。创新：面向困难问题异想天开地想象解决方案；创意：针对上述解决方案科学严谨地进行论证；创业：对经过论证后的解决方案进行渐进实施。"三创"赛的目的：培养大学生的创新意识、创意思维、创业的潜能和团队协作能力。

　　本书的撰稿人苗苗老师在"三创"赛中指导了许多支优秀的队伍，并且在完成比赛后，总结优秀经验，结集成书，给后来参加比赛的高校学子们和指导老师们提供帮助，对于如何提升参赛质量，促进大赛发展，提供丰富经验，它将发挥非常积极的作用。此次苗苗老师在原有基础上，结合第八届国家特等奖获得者"易小儿"团队的经历，给本书注入了新鲜的血液，对于即将或有意愿参加"三创"赛的同学们来说是一本极好的"宝典"。并且该书的语言生动、文字活泼，结合有意思的故事分享，在轻松的氛围中传授参赛必备的知识点。

　　这是一本参赛指导书，是一本参赛回忆录，更是一段精彩的经历。相信当你阅读完本书，在了解参赛大学生在"三创"赛中做出的努力、付出的汗水以及最终得到的收获之后，会对同样有理想的你提供新的启发和思路。

　　为此，本人欣然为序推荐此书，以飨读者。

教育部电子商务类专业教学指导委员会副主任
"三创"竞赛组委会负责人　李琪
西安交通大学教授
2019 年 2 月 22 日

序 2

2013年,苗苗老师指导的梦想之星团队在第三届全国大学生电商"三创"赛中获得一等奖及最佳创意大奖;2014年,苗苗老师指导的Tracker团队在第四届"三创"赛中获得全国特等奖;2018年,苗苗老师指导的"易小儿"团队在第八届"三创"赛的总决赛中,又一次获得全国特等奖,收获了四川赛区参加该赛有史以来的最好成绩。

电商是社会经济发展重要的一部分,淘宝、京东这样的大型电商每年的销售额都在攀升,电商所创造出来的经济效益和未来即将创造的经济效益不可估量。同时,各种新兴的电商产业也如同雨后春笋般层出不穷。并且如今大学生群体在创业或者就业的方向上也越来越多地偏向于电商产业。

"三创"赛正是在这种大势所趋的环境之下所发展而来的为独特群体打造的独特平台。"三创"赛是专门为大学生群体打造的以电商为主要内容的创业平台,让大学生们可以在学校中通过参加比赛,提前体验电商创业,提前积累社会经验。

通过比赛,同学们能够提升能力,锻炼自己,能够收获青春里的别样精彩。"创新、创意及创业"完全贴合李克强总理所倡导的"大众创业,万众创新"的新时代新要求,让参赛的大学生们拥有一个发挥创新精神,展现自我创意,实现电商创业的梦想。

作为教师,总是希望自己的学生能够成为优秀的人,能够收获成功。我也十分了解苗苗老师在带领这些参赛团队的孩子们参与"三创"赛的整个赛程中所付出的心血,倾注的关爱。

比赛即征途,导师与团队成员相互陪伴,相互鼓励,在喜悦中分享鲜花与掌声。苗苗老师所带领的"易小儿"团队获得如此优异的成绩，除了团队的刻苦与努力，更离不开她的倾情投入。成绩的获得，与七个多月的共同努力是分不开的。

　　这不是苗苗老师写的第一本关于记录"三创"赛的作品。每本书中苗苗老师都分享了许多实用的"三创"赛参赛经验和注意事项，也记录了比赛过程的深刻回忆。但是，每一部作品又是截然不同的，新的作品中的比赛经验都是根据刚刚获奖的团队总结出来的最新内容。在作品中所渗透的情感也是不一样的，不一样的成员，不一样的情感，却是同样的深情。

　　在这里我特向大家推荐这本书，这是一本实用的比赛指南，更是一本值得珍藏的回忆录。苗苗老师用丰富的笔触向大家毫无保留地分享比赛实用要点，向大家讲述丰富的比赛岁月。文字之后，是慢慢流淌的真情实感。

教育部高等学校电子商务类专业教学指导委员会副主任

厦门大学教授、博导　彭丽芳

2019 年 2 月 16 日

序

20世纪末，随着创业大赛在美国高校的兴起，越来越多的青年创业者们投身其中，追寻和实践自己的创业梦想。创业大赛成就了一批成功的企业家，创业活动越来越成为美国经济持续增长和创新的主要推动力之一，成就了举世瞩目的"硅谷奇迹"。

全国大学生电子商务"三创"赛自从2009年创办以来，有无数大学生怀揣着梦想积极参与到这项有着鲜明的时代特征的比赛中来。"三创"赛以前所未有的影响力席卷全国，在高校大学生中掀起了创业的浪潮，激发了无数青年学生的创业激情。他们在参与"三创"赛的过程中追寻着、体验着、实践着对成功的全部渴望，也完成了"从思想者"到"实践者"的蜕变。相信在未来，创业的激情和成就一定会感召更多的人参与其中，相信会有越来越多的人在实现创业理想的过程中大有收获。

在第八届"三创"赛中，苗苗老师指导的"易小儿"团队，代表四川赛区，获得了全国特等奖的殊荣。获得该奖不仅仅是对"易小儿"团队付出的最好回报，更为下届参加比赛的选手树立了优秀的榜样。

良师益友，教学相长。苗苗老师具有扎实的理论功底、较强的科研能力和丰富的科研实践经历，能及时解答成员们在项目研发过程中遇到的各种难题。苗苗老师不但激发着"易小儿"团队成员们的创新意识，同时引导着成员们结合所学专业从专业优势的领域解决问题。大半年日日夜夜中氤氲着的是苗苗老师无微不至的关怀，相处中亦师亦友。苗苗老师作为幕后英雄，她的奉献精神、敬业精神、吃苦精神和认真负责的精神给成员们做足了榜样。

坚持到底，互帮互助。"易小儿"团队在参加比赛过程中有过热情满怀的阶段，也有几近放弃的时候。是五位成员们的互帮互助与苗苗老师的不懈鼓励，让"易小儿"团队一次次重树信心，并一次次巩固团队信念。团队成员们在不断解决问题的过程中，心理和技术素质得到了充足的锻炼，个人品质也得到了完善和发展。这也是参赛者们在"三创"赛这一过程中所要收获的东西。

  苗苗老师笔触下的这一新书，在具有较强的理论性同时，又结合了"易小儿"团队亲身参加"三创"赛的实战经验和真实感受，具有丰富的实践性。希望读者在"筑梦"自己的"三创"路上，让苗苗老师倾注在本书中的温暖一直陪伴着你。希望读者在参赛中充满困惑、手足无措的时候，书中的某个章节、某个建议会让你看到新的洞天。

教育部电子商务类专业教学指导委员会委员
互联网金融千人会 IFC1000 四川分会秘书长 *帅青红*
西南财经大学教授

2019 年 2 月 25 日

序

近年来，四川省电商取得重大发展。2012年以来，四川省电商交易额、网络零售额分别年均增长46%、43%，电商市场规模增长超过5倍。仅2017年，四川省电商交易额为2.76万亿元，同比增长29.9%，网络零售额3 421万亿元，增长34.9%，增速分别超过全国增速的1.1%和1%，总体发展水平居全国"第一梯队"。2018年9月，四川省成都市成功举办了中国（四川）电商发展峰会。

这些显示出电商在四川省的发展态势，同时也彰显出电商经济对于四川省整体经济发展的重要作用。

目前，四川电商规模大幅度扩张，在全国位列第六，仅次于广东、浙江、江苏、山东和上海。四川省现已拥有76万家电商流通企业，11万多家电商生产企业，更有顺丰大型物流无人机总部基地项目等落户于四川。

发展电商，对于推动四川省经济的腾飞至关重要。对于电商发展，人才的培养又显得极为关键。大学生这一青春群体，无疑是推动电商发展的新生代主力军。"三创"赛是一个将大学生与电商对接的平台，可以将大学生的创新、创意融入电商之中，提升电商经济效益，同时为大学生提供一个可以创业的平台，实现"扶持"式发展。

"三创"赛在四川省落地多年，一直致力联结高校与电商、大学生与创业，让参赛者能够在参与竞赛的过程中展示出新创意、新想法。当然，"三创"赛也能够让大学生得到锻炼，在校积累创业经验与社会经历。

"三创"赛四川赛区组委会在注重竞赛质量的同时，希望通过举办比赛让参赛者们能够在其中有所收获、有所体验、有所回忆。

苗苗老师是一位具有丰富经验的指导老师，指导过许许多多优秀的参赛队伍。在此书中，苗苗老师站在指导老师的角度，讲解参赛"必备要点"，包括从开始组队到撰写商业计划书再到制作幻灯片等方面需要注意的问题，对于想要参加或者即将参加该比赛的团队或者同学来说，这是一本"指南"，是一本"说明书"，更是一本"宝典"。

当然，苗苗老师并没有干瘪生硬地阐述一个个条款，她在其中投入了自己对于"易小儿"这一优秀项目团队的感情，叙说了自己与团队在完成这场马拉松中的风风雨雨。对于"易小儿"团队和以往的参赛团队来说，这是一本"回忆录"，是一本"专辑"，更是一本"传记"。

因此，特向广大读者推荐此书。

全国大学生电子商务"创新、创意及创业"挑战赛
四川省赛区组织委员会
2019 年 2 月 27 日

前 | 言
PREFACE

我们总说"台上一分钟,台下十年功",参加竞赛也是如此。"三创"赛的成功不是一蹴而就的,它汇集着团队每一个人的努力和七个多月分分秒秒的奋战。"易小儿"团队站在全国大学生电子商务"三创"赛的领奖台上,收获的不仅仅是鲜花和掌声,更是队员们辛苦努力的回报。

我没有想过,关于比赛经历的书,会写了一本又一本,像是成为一种惯例——在完成比赛之后的沉淀岁月中,创作一本书,讲述从开始到获奖一路上的点点滴滴。

其实,与其说是创作,不如说是记录,记录这个团队在青春里的坚持与奋斗。每一次的提笔,我都像是踏上了一列有关回忆的列车,又像开启了一次全新的旅程。

参加"三创"赛从来不仅仅是为了一纸奖状,这是一场集体奔跑的酣畅"马拉松",在乎结果,但更在乎过程。长长的比赛路途,是一个相互陪伴的过程,从校赛到省赛再到国赛,大家不离不弃,携手并进,最终取得了骄人的成绩。

跑过"马拉松"的人都知道,长途的路,不容许中途停歇,需要极强的耐力和最后拼尽全力的冲劲。"易小儿"团队相互陪伴,相互鼓励,在深夜修改过幻灯片,在假期商讨过创意方案,在七个多月的日日夜夜为比赛不断付出。

赛后和团队交流时,我得知还有许多同学想要参加"三创"赛,团队的成员们也被邀请到很多地方去分享成功的经验。所以,经过与团队商量,取得大家的一致同意之后,我决定完成这一份经验总结。

本书在以往的资料基础上,加入了此次"三创"赛过程的最新体验和经验,把我与"易小儿"团队的比赛历程及收获分享给大家,希望能够给想要参加"三创"赛和即将参加"三创"赛的同学们提供些许帮助,为接下来的"三创"赛助力。

本书内容由10章构成,主要包括:团队的组建,构建团队的凝聚力；初心的坚守，构建团队的向心力；项目的筹备，构建团队的核心力；细节的完善，构建团队的竞争力等。

第1章，"心"的出发点，了解"三创"赛信息，探寻参赛初衷；第2章，迈出第一步——团队或想法？学会有针对性地组建团队，选择项目；第3章，我们并肩作战——团队的色彩，懂得凝聚团队，发挥才能；第4章，选题——成功的敲门砖，了解选题态势，理清选题思路；第5章，构建完整思路——让导师为你"转身"，加强导师联络与沟通；第6章，商业计划书的撰写——答辩之前文档先行，做好文档，轻松答辩；第7章，产品的美丽"外衣"，调查市场，出彩设计；第8章，人人都是传播者，结合互联网，做好营销；第9章，项目的完美"名片"，掌握要点，呈现完美设计；第10章，成功的现场发挥，应用临场技巧，多收获一分成绩。

这是一本属于读者的"三创"赛指导书，是一本属于"易小儿"团队的酸甜回忆录，更是一段让故事里外的人都难以忘怀的经历。

这也是一本回忆录，我想要通过记录"易小儿"团队的经验，给参加过"三创"赛的团队们一个"时间胶囊"，在此处获得些许情感共鸣。

当然，这还是一本传记，一本属于我，属于"易小儿"团队的传记。七个多月，说长不长，转瞬流逝，走远的是时间，留下的是回忆。在这段回忆中，我十分感恩，晨洋、俊伟、小戴、园园、小波，感恩我与这群孩子们的相遇，感恩孩子们的陪伴，更感恩孩子们在青春的年纪里，可爱的执着。

本书结合具体的比赛实例讲述第八届"三创"赛的过程及比赛获得成功的要点，因涉及个人隐私，相关团队成员姓名将以化名或代称进行展示。

在此，也要特别感谢西安交通大学李琪教授，西南财经大学帅青红教授，厦门大学彭丽芳教授为本书提出的宝贵修改意见。是你们的倾力支持与无私帮助，才能让本书更为精彩！

谨以本书献给为了实现梦想而努力奋斗的广大在校大学生，以及为了圆梦而倾心奉献的指导老师们。愿每个追梦的学子都能实现心中的梦想，做最勇敢的追梦人。

著 者
2019年1月

目 录
CONTENTS

第1章 "心"的出发点 ································· 001
    1.1 "三创"赛——电商育梦之地 ······················· 002
    1.2 找准初心——参赛=创业? ························· 002
    1.3 坚守始终——收获惊喜 ···························· 005

第2章 迈出第一步——团队或想法 ····················· 010
    2.1 以团队为起点——找好定位,留有空缺 ·············· 011
    2.2 以项目为起点——分析需求,精选搭档 ·············· 015

第3章 我们并肩作战——团队的色彩 ··················· 019
    3.1 如何"团"队 ·································· 020
    3.2 如何精挑细选 ·································· 024

第4章 选题——成功的敲门砖 ························· 028
    4.1 把握选题三道关——原创、创新和可行 ·············· 029
    4.2 选题指南针 ···································· 035

第5章 构建完整思路——让导师为你"转身" ············ 040
    5.1 导师的重要作用——不仅是灯塔 ···················· 041
    5.2 何时联系导师——不仅是及时 ······················ 046
    5.3 如何联系导师——不仅是主动 ······················ 048

第 6 章　商业计划书的撰写——答辩之前文档先行 ································· 053
6.1　商业计划书启航 ·· 054
6.2　商业计划书的目的 ·· 056
6.3　商业计划书前行 ·· 059
6.4　商业计划书的注意事项 ·· 078

第 7 章　产品的美丽"外衣" ··· 081
7.1　"外衣"需要美丽 ··· 082
7.2　设计产品"外衣"的过程 ·· 087
7.3　美丽"外衣"的裁剪 ··· 093

第 8 章　人人都是传播者 ··· 095
8.1　知乎抖音齐上阵，打造新亮点 ··· 096
8.2　微信公众号的重要性和日常运营 ·· 098
8.3　微信商城的建立和营销 ·· 103

第 9 章　项目的完美"名片" ··· 106
9.1　阅读型幻灯片——展示"书本" ··· 107
9.2　演讲型幻灯片——展示"百宝袋" ·· 112
9.3　幻灯片设计"浓墨"出"重彩" ·· 121

第 10 章　成功的现场发挥 ··· 132
10.1　演讲：为你的项目讲一个好故事 ·· 134
10.2　时间：控制演讲的要诀 ·· 139
10.3　答辩：抓住评委诉求 ··· 142

附　录 ·· 145

代后记 ·· 159

第1章 "心"的出发点

我一直在思考我们做比赛的初衷是什么。比赛结束后，当我思考这个问题时，总能回想起在比赛时，我不断勉励自己和学生们的话："很难说什么是办不到的事情，因为昨天的梦想，可以是今天的希望，也可以在明天成为现实。我相信有梦想有追求的人，虽然开始时是梦想，但只要不停地做，不轻易放弃，梦想就能成真。"

我想，这个问题的答案是"心"。

那么，我先对"三创"赛进行具体、详细的介绍，是想要为参赛的同学提供一些赛前的建议和注意事项，并分享一些我们在本届"三创"赛赛前的心得与体会。

如果要问我觉得"参与比赛的那五个队员们收获了什么"，我想：是综合能力的提升，是专业知识的丰富，是创业项目的落实，是友谊与理解，是思维的扩展和眼界的开阔……这些都是在这次"三创"赛收获的。

一分耕耘一分收获，最后的成果需要靠努力去取得。一次次头脑风暴，提出新的创意；每一个忙碌的深夜，遨游在大数据中完善分析项目；在现实的市场与各个企业奔波的过程中，不断推翻、修改……这些都是那五个队员为这次"三创"赛做出的努力。

比赛结束之后，回过头来回顾这次比赛才发现，所有的收获都不是偶然的，那些理所应当的结果，凝聚了所有参赛人员的付出和心血。这是一次"三创"赛，也是属于每一个不忘创业初衷、不负青春梦想的青年人的"三创"赛。

1.1 "三创"赛——电商育梦之地

电商是一门实践性很强的新兴、交叉、复合型一级学科（专业），我国经济社会的发展对创新型电商人才的培养提出了迫切的需求。

为了培养大学生在实践中学习、在实战中成长的能力，为大学生提供施展才华的广阔空间，教育部高等学校电子商务类专业教学指导委员会根据教育部、财政部（教高函〔2010〕13号）文件精神，举办了全国大学生电子商务"创新、创意及创业"挑战赛（以下简称"三创"赛）。"三创"赛是激发大学生兴趣与潜能，培养大学生创新意识、创意思维、创业能力以及团队协同实战精神的学科性竞赛。竞赛分为校赛、省赛和全国总决赛三级。2009—2018年，"三创"赛总决赛在杭州、西安、成都、武汉等地举办。参赛团队从第一届的1 500多支、第二届的3 800多支，到第三届的4 900多支，第四届的6 300多支，第五届的14 000多支，第六届的16 000多支，第七届的20 000多支，第八届的40 000多支，规模越来越大，影响力越来越大。

在这些年的"三创"赛中，优秀的作品数不胜数。"三创"赛，不仅仅是优秀作品展示的舞台，也是新时期推动电商发展的重要平台。相信在参加"三创"赛的过程中，每一位认真参赛的选手最终都能超越自我，有所收获。

1.2 找准初心——参赛=创业？

"你为什么要参加'三创'赛？"或许是为了得奖、赢得成绩；又或许是为了接触更多志同道合的朋友、认识更多优秀的前辈，获取经验；还或许是为了享受比赛的过程，丰富自我。

"诚然，成绩、荣誉、经验、朋友都是参赛的正当理由。但是，我在参赛前也有静心思考过这个问题，我突然发现，我只有一个想法，我要创业，我仅仅只是想要创业，我想要做成一件事。"

这是我在第八届"三创"赛比赛前与一位即将参赛的学生的对话。

听了他的话之后，我思考了许久，也觉得十分感动。很多时候，我们是否还记得那个推动我们前进的最初的梦想。如果你怀有最初的梦想，那么恭喜你，你已经成功获得了"三创"赛的金钥匙：初心。

许多东西，看似寻常，实际上却最为重要，就如同比赛的初心。它不是你已经拥有的能力、已经具备的水平、已经达到的成果，它看起来微不足道。但是，就是它，决定了你来参赛的目的，进而影响你在比赛时的心态。

如果你是为了比赛而创业，你的最终目的就只是为了获奖，那么你将永远不会也不能，真正地专注于自己的创业项目，而只是将注意力集中在外在与表象上，以致许多想法和创意都只是空中楼阁，没有踏实的地基，难以真正落到实处，仿佛一个美丽的泡沫，这样的创业项目想要获奖也是很难的。但是当你发自内心想创业时，这一切都发生了改变：你会为了实现自己想要创业的目标而努力将各个项目的细节落到实处，你会为了让自己的项目能够更完美地实施而不断实践，学习吸收各种积极经验，寻找更加符合实际的方法。

于是当你一步步地走完这些路时，你就会发现，你已然从那些为了比赛而创业的人中脱颖而出。所有的努力都不是一朝一夕的，所有的改变都是漫长日子里的累积，但是最终你会有所收获，而所有的收获都是你应得的。

就像我自己，一直以来我都十分敬佩那些依靠自己的努力创立实业的人，无论是中国的第一位"状元"实业家，主张"实业救国"的张謇，或是为电商发展开辟新道路的阿里巴巴创始人马云，他们都是我们学习的榜样。

虽然他们生于不同的时代，有着不同的社会背景，但是却有着相同的创业者精神：积极进取、永不放弃；找准目标、脚踏实地；吃苦耐劳、砥砺前行；眼光独到、把握时机；虚心学习、顺势而为。哪怕已经获得了世俗眼中的成功，他们依然坚持初心，不改理想，没有沉溺于眼前短暂的成功，而是踏实地推动事业更上一层楼。

我还清楚地记得，我的学生在比赛时说："虽然我只是这新时代里千千万万有着创业梦想的人里非常普通、微小的一个，但是我并没有因此而妄自菲薄，也没有不切实际，好高骛远。我为自己定下了一个个的小目标，我要一步步完成这些小事，我相信这些小事，最终能够汇聚成一件大事。"

从创业想法的产生，到创意如何落实，再到组建团队，找到一些与自己志趣相投并同样拥有创业梦想的伙伴，在这个过程中永远都不要停下自己探索的步伐。这一过程十分坎坷，也会遇到许多意料之外的挫折。例如：许多创意已经有人落实，并且取得了较好的成果，是否应该继续？是踩在巨人的肩膀上更上一层楼，还是另辟蹊径？团队里有人因看不到希望而情绪低落，影响整个团队的士气。落实创意的过程中才发现许多事情远比想象中的还要复杂……

问题一直都会存在，不要逃避，要积极地面对，迎难而上，想方设法去解决这些问题。纠结时就尽可能地收集更多的资料，进行数据的分析和对比，梳理这个创意的前景与未来态势，结合前辈已经取得的成果，思考自己能够做到哪一步，能否有突破性的发展和创新，将自己投身在这海量的数据中，并和团队的伙伴共同分析，选择适合我们自己的发展道路。担忧时就耐心地与伙伴们交流，询问他们遇到的问题，和他们一起分析问题，最后再和他们一起想办法解决这些看似复杂的问题；必要时也会组织大家一起减压，为了共同的理想和目标并肩前行，绝不放弃任何一个真正有梦想的人。迷茫时就寻找专业老师和前辈咨询，虽然具体问题和条件不同，但是从他们的经验中也可以获得知识与方法，同时积极学习各种相关的课程，不断拓展自己在这个领域的视野。

当你做到这些时，你就会发现原来自己的小目标就这样在不知不觉中实现了。获奖不是目的，但是在你一步步脚踏实地的创业过程中，奖项就像是锦上添花的花朵一般，自然而然地生根、发芽。

当然，这朵花就像是对我和我所指导的参赛团队在这段时间的付出与努力的肯定和鼓励，但是它的作用也仅限于此，所有人都并不会因为留恋这花朵的芬芳和美丽而停下继续前进的脚步。在我们初心为帆、踏实为桨的航线上，我们相信未来可期。这是我的初心，那么你们的呢？现在请让我们一起闭上眼睛，问问自己：你的初心是什么？你为什么要参加"三创"赛？

最后在这里，对于"初心"的问题我也总结了一些建议，希望能给可能还存在迷茫的你一些帮助。

第一，为了比赛而创业的同学：如果拿奖是唯一目的的话，这个比赛可能不太适合你，因为创业从来都不是几个人、几天就能搞定的事情。创业是一个长期辛劳的过程，是一个需要耐得住寂寞与黑暗的过程，是一个真正要静下心来实践的过程。只有这样，才能在创业中有所收获，否则永远只是纸上谈兵。

第二，真正想创业的同学：不要将比赛当作你创业的第一步，因为这样会极大地分散你的精力，最好的时机是项目快要实现的时候。这既是检验自己先前的付出和努力是否落到实处，是否能真正地获得实践的过程，也可以让导师和比赛成为你最后一股力量，为你的创业注入新鲜血液，增加活力，最终让这小小的茧能够破茧成蝶，自由飞翔。

1.3 坚守始终——收获惊喜

怎样在一个长时间的比赛周期里，坚守当初组建团队、参与比赛的初心，怎样坚持且不动摇这一份最初的信念，对于参与比赛的团队来说十分重要。

无论是创业类的比赛还是其他科创比赛，只有拥有团队所立足的初心，才能够在比赛中稳住阵脚，才能够产生出其不意的新想法，才能完成一个精彩的项目，继而在比赛中收获别样的惊喜。下面我主要从项目实践、项目展示、社会接触和团队合作四个方面来讲述"易小儿"团队坚守初心、收获惊喜的过程。

1.3.1 实践是检验真理的唯一标准

马克思说：人的思维是否具有客观的真理性，这并不是一个理论的问题，而是一个实践的问题。人应该在实践中证明自己思维的真理性，即自己思维的现实性和力量，亦即自己思维的此岸性。关于离开实践的思维是否具有现实性的争论，是一个纯粹经验哲学的问题。

如何将商业计划书变成一个实际的创业项目，便是一个实践检验真理的过程。所有的商业计划书，都只是计划而已，只有当你把计划变成现实，才是真正开始创业。你会遇到真实的问题，把问题一个一个解决，你的项目才会越来越完善。当一个项目真正被投入实践时，才能了解盈利情况，当你有了一定的现金流之后，项目才会运转起来，你的投资人才能够得到实际的利益。就像这次的"易小儿"项目，就是在队员们的一步步努力推进后，才最终呈现在我们面前。

"易小儿"项目从一个最初的构想到成为一个真正意义上的落地项目，成为一个"三创"赛中的成功实例，是从队员们的实际操作中一点点演化而来的，是队员们为这个项目写策划案、做 PPT、与合作方的商谈等一切努力换来的最终成功。

实践，让项目不止步于计划。

1.3.2 好的展示是成功的一半

根据"三创"赛官网的数据，每年参加比赛的队伍多如牛毛，即使是划分了各省、各校赛区，创业导师所面对的比赛队伍也非常多。如何从众多队伍之中脱颖而出，一个精彩的展示就尤为重要。

如何在有限的展示时间内让评委对团队的项目表示认同，如何让评委能够清晰地捕捉团队项目的亮点，是值得反复思考的问题。"易小儿"项目是从晨洋外公的故事出发，用一种中医的精诚之心来打动评委，将中医这一传统文化与"易小儿"项目建立联系，将医者精神灌注到这个项目中，用讲故事的方式引起评委老师的兴趣和关注。

最开始"易小儿"团队呈现给我的展示幻灯片，其实很固守常态，用照本宣科的模式给评委们介绍"易小儿"是一个什么样的项目，项目主要是做什么的，并且，幻灯片中只有极少的图片，而文字内容占据了大部分。

"这样的 PPT 拿去展示，是根本不可能进入到后面的环节的，评委没办法在你们这样枯燥乏味的展示中给你们一个比较好的成绩。"看过初稿之后，我这样告诉他们。

"我们的项目是以母婴生活馆为主，主要的产品是以中药为主的，中药作为切入点怎么样？"初稿被否定之后，园园根据项目的特点寻找到合适的切入点。

"我的外公正好是工作多年的中医，我们把中药和中医工作者结合起来，还能够和工匠精神有所联结。"在不断地发散思维之后，队长晨洋想到，可以用他外公的故事作为幻灯片的开始。

之后，队员们舍弃了初稿，重新制作了一份 PPT。最终进行展示所使用的幻灯片，与初稿相比，可以说是"脱胎换骨"。在 PPT 的开头，他们使用了一张晨洋外公的照片，这样一位古稀老人和"易小儿"这个项目有着怎样的关系呢？带着这样的疑问，评委自然会关注你的展示。

除此之外，在展示的开头，他们还用了一分钟左右的时间来讲外公和中医精神。当然，有的同学可能会有疑虑，认为展示这类与项目关联不大的内容，会导致介绍项目的时间不充足。在这里，我要指出的是，如果能用一部分时间去引起评委老师们对你们的展示的关注和兴趣，比大量的项目展示更为重要。

同时，除了开头的引入，后面的展示也需要重视，不要做成了"凤头蛇尾"。

展示时，我们需要注意展示的多样性，注意图文的搭配，注意动态与静态的搭配。

"易小儿"项目的答辩展示中还放入了队员们制作的介绍视频，这样可以让评委更加直观地了解项目的概况。"我们的网页和公众号不如用录屏的形式直接展示，这样相比较图片来说更加直观，而且也比放视频更加方便。"小戴还在其中放入了使用手机录屏功能制作的动图，这对于电商项目的直接展示来说十分有利。

当然，一个好的展示，除了要有一份完美的幻灯片，更要有一个好的展示人，二者合一，才能够碰撞出精彩的火花。他们此次的项目，我从指导老师的角度来看，晨洋符合一个优秀展示人的标准。他稳健的台风和自信的形象，都是加分项。

需要特别提到的一点是，"易小儿"团队的答辩展示中还有很多的"隐藏页"，这些隐藏起来的幻灯片是针对评委老师们可能会提出的问题进行制作的。队员们在答辩之前，通过询问我的意见和对资料的研究，结合他们自己的思考，想出几十个评委可能会问到的问题，然后再思考解决方案，制作成很多页 PPT 隐藏在答辩展示中。在评委提问之后，根据问题调出答案。这样的做法，能够让队员在面对评委提问时，不至手忙脚乱，可以流畅自信地回答评委的提问。

1.3.3　与社会的初次接触

"易小儿"项目是一个校企合作的项目，因此，参与的同学们有和社会投资方接触的机会。在与企业的接触中，首次参加比赛的同学们能够发现学生思维的浅薄和不全面。除此之外，企业方面也能为校园创业提供很多的便利，如强大的技术支持、全面的咨询服务、丰富的资金等。

在项目初期，我只是提供了公司的联系方式，并没有帮助队员们去联系企业。他们自己联络公司负责人，到公司去商谈项目、谈资金、论想法。通过比赛，队员们能够认识到自己与社会思维的差距，从而一点点地褪去身上的稚嫩之气。

晨洋作为团队的代表第一次去和合作的企业商谈，本来安排好的半小时谈话，结果谈了三个小时。这样的一场商业性质的谈话，对于还在校的大学生来说，无疑是一场震撼的体验。"跟他们谈完，我觉得非常激动，我从来没想过自己可以完成这个任务。才见面的时候，我也很忐忑，随着谈话进行，我觉得受益匪浅，感觉在这几个小时中进入了新的领域。"晨洋在和投资方见面之后这样告诉我。

在一次次与合作企业机构的洽谈、商讨中，队员们学会了更成熟的谈话方式，懂得了如何进行更稳重的交流。同时，在这个项目中，队员们也提前积累了许多社会经验，提前进行了创业实训，这也是"三创"赛作为一个创业类竞赛额外带给参赛选手的实用知识。

1.3.4　团队协作能力

在大学中，很多事情都是"孤军作战"，一个人学习，一个人上课，一个人完成很多的事情。但是当你面对"三创"赛这个挑战时，团队合作就十分重要了。大家在比赛中做好自己的工作。财务、销售、管理、策划，每个方面大家都各显身手，在自己熟悉的领域做到极致，同时，还要做到有问题一起解决，有困难一起承担。

在创业和比赛的过程中，合理的分工、整体的协作，是收获成功的关键。团队的协作,对于一个需要长时间才能完成的比赛来说至关重要。"易小儿"团队的合作精神让我非常感动。

我还记得国赛前10天,学校已经开始放暑假,很多店面都关门了,教室也不允许使用,队员们也没有自己的办公场所,想要聚在一起共同做事变得很难。最后是俊伟提出了一个想法,让所有队员都到他的宿舍去做比赛。放假之后的学校是安静的,但是他们的宿舍却是热闹的。

团队如同一个人的身体,队员如同身体的四肢与大脑,这五个部位都连接在躯干上,各司其职。团队便是这样,每个人有自己的长处,这些长处对应着自己在队伍中的职能,然后大家紧密围绕着团队,发挥自己的作用,把自己负责的工作做到最好,团队才能够走得更远,项目才会做得更好。

在竞赛的路途上,在苦苦寻求方向的每一个深夜,没有队友的陪伴,没有团队的协作,单靠个人的力量是不可能完成的。团队协作是一种"团魂"的凝聚,是一种团队精神的体现,是一种不忘始终的坚守,更是漫漫竞赛途中收获的最大惊喜。

协作,让我们收获"团魂"。

第 2 章　迈出第一步——团队或想法

在"三创"赛中,是团队组建比较重要,还是创业想法更重要?初次接触比赛的同学在寻找切入点时最常见的疑问就是"应该先组好队伍还是先有项目思路"。严格意义来讲,二者并没有先后之分,正所谓"条条大路通罗马",无论是先组好团队还是先构思好项目,只要操作得当,逐步推进后都能成就一个配置合理的团队和创意新颖可行的项目。

先组队再有想法或者先有想法后组队这两种情况各有优劣。首先,我们来看看先组建队伍所具备的优势。在组队阶段,身怀不同技能的同学们走到一起,大家将自己的兴趣和才能先组合好,进行并完成队伍的磨合,形成一支完整的队伍之后,再根据队伍的情况联系指导老师和构思项目。这样的情况,在项目的选择上具有很大的空间,队伍的磨合会更加紧密,这种情况是用队伍来连接项目。每个队伍的技能构成都不会是一个完美的五边形,队员的能力有强有弱,队伍的配备有各自的特点,这些都是引导团队构思"合理"项目的关键点。

而先构思好项目又有另外的优点。项目的雏形已经具备,项目的发起人就能够按着项目所需去寻找具备对应技能的队员,这样在寻觅队友上就有了明确的方向,并且可以很快地推动项目的开展。这就是用项目来连接团队,这样的组队模式在"三创"赛中也有很多例子。不过,这种方式有些像"灰姑娘"的故事,已经完成初步构思的项目是团队的"水晶鞋",需要拿着鞋子去寻找"灰姑娘",还要一下子找几个,所以寻找对你的项目感兴趣同时还具备项目实施所需要技能的合适人选却相对困难。

"易小儿"团队巧妙地将以上两种组队方式结合在了队伍构建过程中。五名队员中有四名队员首先在学校组织的"科创训练营"中完成了组队，再一起来联系我做指导老师，经过多番讨论之后确定了"易小儿"这个项目，而后根据项目的需要及团队成员技能分析，确定了最后一名队员的人选。

无论是先组队再去商量项目思路，还是先有项目思路再去有针对性地找队员，团队都要抓住一个关键词——合理。这体现在两个方面：一是团队成员组合的合理性，团队成员的技能搭配合适，性格匹配合适；二是团队成员与项目之间配置合理，团队的技能在项目中得到发挥，项目的需求与队员的技能相对应。团队成员本身所具备的技能要与项目本身契合才能够更好地促进项目的实施，因此在组队的过程中需要讲求项目和成员的搭配。

2.1 以团队为起点——找好定位，留有空缺

第一种情况是由团队去连接项目，对于这种状况，找好团队的定位，留有合理的空缺就显得尤为重要。

在这种情况下，往往是 2~3 个有意愿参与比赛但还没有项目想法的同学首先走到一起。最初走到一起的同学，虽然能够形成一个团队，但一般情况下，这种以兴趣为导向的初级团队还没有一个比较明确的定位，所以极有可能造成"不合理"配置的状态。为了避免出现这样的"畸形团队"，我的建议是，以 2 个综合能力较强的人为中心，为团队的最终形成留好空缺。

此时，你可能会问我，"直接在最初组队时，大家凑在一起，完成组队，不是可以节约很多时间和精力吗？"并不如此，在组队上下足功夫，拥有一个健康合理的团队搭配，才会事半功倍。

2~3 个同学率先完成组队之后，就有了一个初步的团队雏形，一个团队的架构已经显现出来。这些本着参加比赛初心走到一起的同学，也同样也会有着积极的参赛态度。

常规来说，在创新、创业类比赛中的团队，都必须要有擅长财务、

对市场敏感的专业性人才、擅长材料撰写以及对外沟通的技巧型人才，在组队时尽量把涵盖这些技能的队员控制在 3 个及以内，并由其中具备管理才能和主动性强的同学担任队长，这样才是一个比较科学合理的团队模式。

在"易小儿"团队中，晨洋和俊伟在之前的经历中有过合作，在确认了对方都有做"三创"赛的意思后，率先完成组队。随后以他们 2 个人为团队的中心，通过"科创训练营"联系到了擅长文案撰写的园园以及擅长构思创意和制作 PPT 等方面工作的小戴。

随后队员们向我咨询和商议剩下 1 名队员的人选，也向我推荐了一些熟悉或认识的同学。

"苗苗老师，我的室友也想参加，他很踏实认真，也有创意想法，可不可以让他加入我们团队呀，我们团队现在也还差 1 个人？"

"苗苗老师，我的女朋友……可不可以加入？"

"苗苗老师，我的好朋友……可不可以加入？"

团队成员在组队的过程中想要和熟悉的、亲近的人一起是一种心理常态，但需要清醒地认识到，团队真正所缺少的部分和团队真正所需要的成员。不能因为和某个同学关系好，与某个同学关系近，即使他与现有队员的技能重复，出于"关系好"去组队，这样所得到的结果只能是事倍功半，导致人员技能的冗杂重复和团队名额浪费，从而影响项目的整个进程，也会影响整个团队的关系。

"大家的推荐我都有过考虑，但我们首先来分析一下团队的已有构成，团队现在还差哪类队员，什么才是对比赛至关重要的呢？"

"苗苗老师，作为队长，除了联络与把控比赛节奏外，我还可以担任答辩者的角色。"晨洋看向其他人，"俊伟和小戴可以负责技术部分，园园是文案写作，但我们几个是交运、生命学院的，都不具备有电商方面的知识技能，这也是我们很担心的一个地方"。

我很赞同晨洋对目前团队成员构成的分析。在目前的"易小儿"这个团队中，晨洋是典型的管理者，他能说会道、幽默风趣、充满自信，能够带动大家开展项目，也很有担当，作为队长是非常合适的，比如在和厂商洽谈的时候，原本安排的半个小时会谈，最后延长到了 3 个小时，他的沟通能力也让我十分惊喜。而园园则是一个细心踏实的女孩，在时间紧、任务重的情况下可以完成70多页计划书的撰写，这方面十分优秀。俊伟和小戴，他们两个在创意上都很有想法，在网络技术上也比较有经验。值得一提的是，小戴作为这个团队中唯一的大二学生，并没有表现出怯场的一面，在都是学长的团队中表现不俗。

对团队成员进行分析后，很容易就发现团队成员构成目前存在的一个重大问题，从专业技能组成上，他们没有一个队员的专业与商科相关，而在"三创"赛的商业计划书中财务分析以及评委提问时的利润来源分析都需要有专业的商科知识作为支撑。

那么他们所空缺出来的这个位置，就需要一个具有商科专业知识的同学来填补。

在综合考量和评估之后，根据团队空缺的位置，我向他们推荐了经济管理学院的小波。小波的专业知识，能够帮团队弥补经济专业人员的空缺，同时她在辩论队的经历也让她成为团队答辩人员的不二人选。

通过"易小儿"团队成员的组成过程，我想分享一些经验。首先，一个团队对自己要有详细的定位，要清楚地知道自己的团队是怎样的标准和状态，以及这个团队的最终目标是怎样的。在此基础上，清楚自己这个团队需要什么样的人才。

其次，现有团队的成员，需要给对自己有很明确的认识，知道自己在这个团队中担任什么样的角色，应该在这个团队中承担什么样的工作。在找到自己的定位之后，就能够知道自己所在的这个团队还缺少什么，还有什么工作是自己不能够完成的，这样就有了寻找队友的目标和方向。

最后，在挑选和邀请队友时，切记保持一个理智的心态，不要带有过多的私人情绪或者面子观念。大家在一个团队中，是合作的关系，所以要冷静和客观地审视团队所需。

初步组成2~3人小队后，一方面要继续寻找队员使队伍完整，另一方面也需要开始构思项目的方向和形式。是否需要搭建网站？是否以微信运营的方式？是否需要开发专门的APP？

确定团队的运营模式，也要根据团队的定位来。一个团队选择怎样的运营模式，或者说什么样的运营模式是适合这个团队的，必须依据这个团队的定位和成员们对自己的定位。挑选一个"合理"的方案，一个"合理"的运营模式，才能够推动团队的进一步前进。

"易小儿"项目是在"外公的小馆"公众号的基础上进行搭建的，这个微信公众号对于"易小儿"项目来说是十分重要的，是这个项目的契机，也是助推力，更是一个创新点。

确定好项目的主要运营形式后，可以根据需求留一个空缺位给计算机或软件专业的相关人才，因为网页的搭建或者微信小程序的前端程序以及后端语言的编写都需要专业的编程人才。如果项目对产品外形设计、网页设计或者微信界面设计等有要求，还需将一位空缺留给擅长美工和设计的同学。在根据确定好的项目所需均有团队成员对应负责后，就可以逐步细化项目。同时，确定好空缺人员的定位后，便可以着手寻找队员，可以是同学或者老师的引荐，也可以是自己通过其他渠道招募。

当然，这些分工只是针对一些比较普遍的情况，其实，在现在"三创"赛的队伍中，越来越多的学生属于复合型人才，他一个人可能兼具两种或两种以上的技能，具有计算机或者软件编程的同学也能够兼具项目产品的美工设计，会撰写商业计划书的同学也可能具有管理和统筹的技能，所以在项目进展中的多个角色也可以由一个人来担任。

在"易小儿"这个团队中，我认为队员们的角色都不是完全单一化的存在，比如晨洋，他除了负责团队的管理之外，还能够兼顾与商家的联络，与客户的交流，以及将项目呈现给评委等工作，并且完成得十分出色。再比如开来，他除了能够进行计算机操作等方面的工作，在答辩PPT的制作上，他也能够做得很好，如运用录屏功能给评委展示"易小儿"的创意就让眼前一亮。所以多元化的人才的加入，能够让一个团队变得更加丰富起来。

团队连接项目的这种情况，是团队在前。所以我们又回到最初的话题中，要实现团队和项目的完美对接，团队成员需要对团队进行一个正确的评估和定位，团队成员更要对自身做一个详细的评估。

我的建议是，在评估自己的能力时，首先要进行单一突出的挖掘，找到自己最擅长的部分，然后进行一个多元化的评估，确定自己同时还兼具哪些能力，虽然这些能力不是非常突出，但是能够被加强。

在评估自己能力时，也要具有远瞻性，对自己目前情况需要做一个评估，对自己的学习能力也要做一个审视，考虑到一些能力是能够在比赛中通过学习获得并且不会拖慢项目的进程的。这样的审视和定位，一定要做到客观和理智，切不可做一些虚妄的设想，自己不擅长的地方，完全可以通过留有空缺来实现，不然在项目的推进过程中可能会得不偿失。

在审视自己之后，就要审视"空缺"，同学们应该要时刻做到"实事求是"这四个字，一定要根据之前的详细且实际的情况来安排这个"空缺"的位置，力求实现团队成员的最优配置，项目和团队的最优搭配，项目运营模式和成员技能之间的最优契合。就像我之前说的，团队需要追求的是"合理"两个字，在第一种情况中，实现团队"合理"，实现定位"合理"，实现项目与成员对接"合理"。"合理"是最为重要和关键的。

2.2 以项目为起点——分析需求，精选搭档

讲述了第一种情况，下面我们来看第二种情况。相较于第一种，第二种情况在参赛起步上来说要容易得多，一般是个人从生活中观察到了市场需求，或者针对当下已有的商业模式又有了新的想法，又或者是其他途径的思维碰撞。已经具有了创业想法和大致的项目思路，这样的参赛者无疑是更具有优势和竞争力的。

以项目为起点的组队方式首先需要进行的一个步骤是需求分析。这里所说的需求分析不是针对市场的需求分析，而是对于团队组建而言的，是分析这个团队的需求。作为团队发起人，基于你已经构想好的项目，考虑你需要哪些特长和专业技能来辅助完成这个项目的实施。

分析需求的过程中，第一步要做的是观察项目。既然以项目为起点，所以项目是最关键的。项目发起人要根据项目来寻找适合的执行人。项目发起人得审视项目类型，是专注于什么产品的，要给项目一个清楚的定位。这是第一个要明确的问题，即项目的定位，明确之后再展开需求分析。

观察项目之后，就需要分析项目需求，这对于项目队员的选择是

极为关键的一环。项目的发起人应该明确这个项目的真正需求，需要完成到什么程度，需要收获怎样的目标，等想清楚后，就可以进一步深入分析。这个团队需要什么样的技能去实现这个项目。再根据这些需求去寻觅具有这些技能的队员，这是项目的目标。目标实现之后，就要思考怎样去实现目标。

最重要的便是这个项目的实现，也就是你想怎么样去实现这个项目：通过怎么样的商业企划，怎么样的推广方式，怎样实现项目。确认了这些之后，才知道团队需要什么样的队友。

比如如果团队项目需要一个技术型的框架，就需要寻找在技术上具有专业素养的同学，如果项目的框架在技术上要求较高，便可能需要找 2～3 位在技术方面比较强的同学。又比如这个项目是需要制作一个精美的网页，一个受众的微信公众号，那么就需要比对这个需求进行队友的匹配，需要去寻找一个在美工和微信运营上具有技能的同学来作为队友。

在做好分析之后就可以开始着手招募队友了。

那么接下来的问题是如何进行队友的寻找？可以通过老师的推荐，朋友圈、微博等社交平台发布招募信息等多种方式来寻找队友。在团队寻找队友的过程中，有一点需要特别注意，一个队员在团队中往往不只负责一个事项，在招募队友时可能有四项以上的需求，但只有四个位置空缺，因此要保证招募到的队友擅长的领域涵盖所有的需求，避免团队位置已满但有事项无人负责的情况。

我们也要注意在哪里寻找队友。项目发起人可以将自己的项目需求整合起来，将自己需要的队友要求罗列出来，通过自己的朋友圈或者其他的社交平台寻找契合的队友。

项目的需求分析和项目的市场分析同等重要。项目的需求分析在项目中至关重要，做好项目的需求定位，才能够根据定位寻找到合适的队友完成组队。

我们将以"易小儿"母婴健康生活馆这一项目来进行举例。假设"易小儿"项目是一个已经由项目发起人构思出框架的项目想法，项目发起人想要通过寻找合适的队友来跟他一起完成这一项目，参与"三创"赛。从"易小儿"母婴健康生活馆的项目出发，如何精准挑选队友，实现团队构建呢？

首先，要对"易小儿"项目进行项目观察，做出定位。项目的发起人要确定"易小儿"项目以宝妈和12岁以下的儿童作为销售对象，致力打造的以中医药为主的健康生活馆。需要实现的需求包括客户精准定位、标准化产品和服务的推广、完善的线上平台的建立和精准的市场营销制作。

完成需求分析之后，可以对应得到这个项目所需要的是具有技术方面的同学来搭建互联网平台，实现项目的线上推广；同时，需要专业的市场营销和市场分析的专业能力，因此需要具有经济管理和财务管理方面知识技能的同学加入。特别是创业类的比赛，具有经济管理和市场营销专业技能的同学是一般项目都很需要的。

同时，在项目的具体实施过程中有许许多多的细节需求，如文案撰写和PPT制作等方面的技能需求。还有，如果项目想要做得出奇和惊喜，就还需在创新和创意上比较有想法的同学加入。此外，不同类型的项目，项目需求也不尽相同，各具特色，要具体问题具体分析。

"以项目为起点"的组队方式，相比较"以团队为起点"的组队方式来说更具有挑战性。先组队后想项目，是在一张白纸上画出一个形状，再慢慢添色，完成一个精彩的画作。而先有项目再组队，则是画纸上已经有了一个固定的框架，再在这个框架中进行颜色的添加和绘制。这如同有了一定的限制和局限，在这个基础上的创作比较困难，可能有些"束手束脚"。但是，从另外的角度来看，也具有一定的优势。因为项目有了一定的基础，一旦找到了合适的、对应项目需求的队友，那么这个项目在比赛中大放光彩是很有可能的。

值得注意的是，在"以项目为起点"的情况中，已经构思好项目的项目发起人是很关键的角色。作为首先提出这个项目的人，自己首先要对该项目有一个深刻且清晰的认识，如果自己都不清楚自己的项目，一切都是空想，又如何去吸引合适的队友加入自己的团队呢？没有一个清晰的定位和目标，没有一个精彩的预期成果的描述和展示，这个项目对于队友和想要参与比赛的人就没有任何吸引力。因为他们看不到希望，断然不会加入其中，也不会尽力去帮助项目发起人完成项目。

同时因为作为项目发起人，一般都是直接成为项目团队的领导角色，所以对项目发起人的领导和组织能力有很高的要求，并且项目发起人也必须具备一些专业的技能和创业的相关知识，能够在项目启动中起到引航的作用。

当然，他可能并不是团队中专门负责技术的人员，但是也需要知道一些专业知识，因为只有这样才能分析出自己的项目要通过什么样的技术来实现。项目发起人作为最关键的团队成员，需要具备的能力不只是这些。只有要求自己学习得更加全面，才能更加有效地组建团队，才能在管理团队和项目推进中更好地统筹。

除了项目发起人之外，其他的队员也很重要。项目发起人在寻找队友的过程中，一般是分散式的寻找，财务技能对应具有商务营销技能的同学，信息技术对应技术专业的同学。这些同学因为这个项目组队在一起，要在这个团队中实现很好的合作，也是项目发起人在组建团队时需要考虑的。

总之，不管是第一种情况，还是第二种情况，都要强调"合理"。项目对接队员，队员对接项目，都需要实现"合理"的搭配和结合。在此之外，更要注意队员之间的合作，队友之间和睦相处，才能够事半功倍，才能更顺利地实现项目的预期目标。

第 3 章 我们并肩作战——团队的色彩

心理学博士陈晓萍说过：由于团队成员之间的高度互赖及利益共享，每位成员都面临着是否合作的困境：如果自己不合作，而其他成员皆努力付出，那就能坐享团队的成果；但如果所有团队成员都作此想，那该团队将一事无成，结果每个人都受到惩罚。从另一方面说，如果自己全心投入，而其他成员皆心不在焉懒散懈怠，那么到时由于自己的努力为团队取得的成果就会被其他成员所瓜分。

在一个团队中并肩作战对于比赛来说是非常重要的。俗话说，一根筷子容易折断，而一把筷子则很坚固，一个优秀的创业团队如同 5 双筷子构成的整体。无论是"以团队为起点"组队，还是"以项目为起点"组队，组成一个 5 人团队后，这个团队就是一个整体，5 个人就不再是单独的个体，不是单打独斗。

一个优秀的创业项目，不仅限于项目优秀，还在于完成项目的创业团队优秀。优秀的项目具有很强的竞争力，很灵活的适应力，很流畅的展示力，但这些都不是单独一个人能够完成的。项目的完成过程，也是团队精神生成和渗透到项目每一个细节的过程。

项目的完成需要团队成员的合作，团队成员需要把自己的力量融入团队之中，各种力量实现最优化搭配，才能够做出一个出色的项目。每个成员在进行自己的准确定位之后，发现自己的优势和不足，同时还要认识到队友的能力特长，接下来就是把大家的力量合并在一起。各种能力在这个团队中实现拆分组合，实现优化配置，将一个代表着团队能力优势的"五边形"的 5 个角填满。

"三创"赛是一个长距离的马拉松，需要参赛选手投入足够多的精力、时间和耐心。熬夜备战，通宵工作是经常的事，没有队友的陪伴和支持，是很难坚持下来的。从校赛到省赛再到国赛，是一场场的战役，要打好每一场战役，除了过硬的武器，队友之间的陪伴和鼓励也是必不可少的。

在"易小儿"团队中，晨洋、俊伟、小波、园园和小戴他们五个人就实现了很好的合作，给予了彼此温暖的陪伴。他们不仅仅在项目进行过程中相互扶持，在平常的生活中也成了极好的伙伴。他们一起陪伴晨洋完成了课设，陪伴小戴完成了社团竞选的答辩……这样的陪伴还有许多，五个孩子凝结成为一个紧密的团队。

3.1 如何"团"队

接下来，我将详细说一说关于组建团队的原则。我所列举的是构成一个标准团队的基本要求，符合这些准则，团队才能够实现合理与和谐。"合理"指的是团队搭配的合理，"和谐"指的是团队成员之间的相处协调。

3.1.1 积极参与，主动做事——拒绝人员"划水"

比赛报名前，常常会出现这样一类同学：他们抱着一种"划水"的心态加入比赛团队，盼望着能够被安排一些简单轻松的任务，然后跟随团队去获得名次。这类同学在团队里就属于"空占"名额。

"划水"人员的消极怠工不仅会影响比赛项目进度，也会给团队其他成员一种反面的心理暗示，使大家的信心和积极性受到打击，形成一个很糟糕的恶性循环。从这个"划水"的团队成员开始，拖慢整个项目的进程，拉低整个团队的效率，继而降低这个团队的整体情况，然后在竞争激烈、时间紧张的比赛中被淘汰出局。

在组建团队的过程中，团队所要注意的就是拒绝这类不积极同学的加入。在一个竞赛的团队中，每一个人都应该以一种积极向上的状态来推动项目的运作，一个人的消极很容易导致一个团队的消极，这种负面的情绪因子很容易扩散。

在与"易小儿"这个团队的接触中，首先我感受到的是他们没有一个人"划水"。每个人都各司其职，并且努力做出"超范围"的工作。因为他们害怕会因为自己的疏忽或者遗漏导致团队项目的失误。大家在做项目时，都全身心地投入。

除此之外，"易小儿"团队总有着积极的氛围。因为国赛晋级终极PK的队伍名单是完全保密的，所以第一天比赛完的晚上，队员们都很忐忑，不知道能不能晋级终极PK。但是在这种迷茫和恐慌的情况下，团队成员们仍互相鼓励，在深夜一遍遍地排练路演、演习答辩，没有人显露出消极的情绪，更多的是一起坚持，最后他们在比赛终极PK取得了非常优异的成绩。

"没关系，我们一起努力总会渡过难关的。"

"我们多排练几遍，到时候就不怕了。"

"一起熬最晚的夜，做最好的比赛。"

"易小儿"团队中的队员们总是充满了激情与活力，他们相互感染着，也相互鼓励着。

3.1.2 定位特长，发挥作用——拒绝职能重复

创新、创业类比赛大多会限制团队人数，一般团队人数不超过5人，5个人需要共同完成这项有着复杂工序的项目。因此，在进行组队的过程中，加入团队的成员，首先要分别具有一项竞赛相关的技能。当然除了一项基础技能之外，还需要具备一些"斜杠"技能，多种能力的复合才能够更好地推进项目。

根据每个同学所擅长的技能合理分配工作才能事半功倍。在上一章中提到要准确定位，找准自己的位置，这也是组建团队的重要原则之一。找准自己的定位和擅长点，是为了让工作的分配更合理和更科学；同时，需要注意的是避免职能重复，这样的重复和"划水"成员一样，都是属于不合理"占位"。

如果团队同时有2个以上的同学都擅长PPT制作，在工作安排时不可能都让2位同学去完成PPT制作这一项工作，所以总有成员只能去完成其他工作。但是，第一，这些同学并不擅长其他工作，需要花

更多的时间去学习，而且最后的完成结果可能也不太好。第二，这些同学原本擅长制作 PPT，也是以这样的职责和分工加入团队的，突然去完成一些他并不熟悉和了解的工作，可能会因此而产生消极抵触情绪，对于团队来说并不是一件好事。所以在团队工作中最好是由各个同学去做他们擅长的工作，一个人能完成的工作就不用 2 个人负责，使团队分工达到最优。

在"易小儿"团队中，虽然不能说这个团队实现了最优化的安排，但是也是非常合理的安排。团队 5 个成员都有符合自己擅长点的工作分配，没有单调地重复工作，每个人都能够用自己擅长的技能推动项目的最终完成。晨洋擅长与人交流，管理团队，那么他所做的工作就是与公司客户交流，现场答辩；园园仔细认真，完成文档的撰写再合适不过；小波是经济管理学院的学生，商业策划方面的任务就很适合她；俊伟和开来也被安排到相应合适的任务。

3.1.3 分配角色，密切配合——拒绝"落单"

团队工作时，在进行项目推进中容易出现成员配置"不合理"的情况，或者说是"角色"错位的情况。

第一种，队长主导型。这种情况下，队长是这个团队的主心骨和主力干将，他一个人负责了团队的大部分事宜和任务的安排，其他队员要么是埋头苦干且不发表任何意见，队长说什么就是什么，队长怎么安排就怎么做，要么就是认为一切有队长在，于是自己就懈怠下来。

"我觉得我只是一个名义上的队长，其实我们 5 个人都是队长，5 个人一起出力，一起想创意，实施想法，并没有什么分别。"晨洋这样跟我说道。

这是他对于这个团队清楚且清晰的认识，从而也从根本上杜绝了这种队长"强权"情况的出现。

第二种，团队支离型。在这种情况下，每个队员都有着强烈的在团队中发挥自己力量的想法，并且希望能够在团队中有一定的主导作用。于是，在团队进行项目进展讨论的时候，每个人都坚持自己的观点。这种没有团队精神的讨论结果只会是五花八门的，讨论了很长的时间也可能没有任何的实质性结果。

第一种情况队长太强势，与团队成员没有足够的交流；第二种情况，团队成员都很强势，真正的队长不能使成员之间相互理解配合。这两种情况显示的都是队长和成员之间没有一个很好的配合。

团队中的角色简单地分为两种，领导者和执行者。每一个团队都需要一个同学来负责统筹管理这个团队，需要一个领导人，但是在团队中，领导者要认识到自己和其他成员之间是平等的关系。

领导者不能独裁，也不能包办，应该与成员之间做好沟通和交流，在项目中做好协同合作。在第一种情况中，领导者就应该学会倾听团队成员的意见，合理分配工作，加强与成员的联系。当然，领导者也应该学会在团队中体现出自身的领导力，在关键时刻拿出自己的魄力，比如在第二种情况当中，领导者应该出来带领大家做出抉择，选择一个方案。

当然，执行者也应当适应自己的角色，比如在第一种情况中，执行者就应该主动与领导者进行沟通，分担领导者的工作，而不是处于一种"被动角色"。在第二种情况中，执行者应该适当地做出退让，听从领导者的建议。

在团队组建中，合理的领导者和执行者的角色分配也非常关键。

在"易小儿"团队中，晨洋是一个让我很欣赏的领导者，从一开始他来跟我交流的时候，我就从他的身上看到了他的独特能力。"易小儿"团队，从校赛到省赛再到国赛，我看到了这个队长身上所体现的领导力，他能够在团队管理中拿捏好分寸：平时风趣幽默，也很积极地与其他成员进行交流，但是在需要做出决断时能快速决断，遇到困难时又能够稳住团队的"军心"，让成员们跟随他一步步地取得"国特"这个奖项。

当然，只有晨洋这个好的领导者，对于"易小儿"这个团队和这个创业项目来说是不够的，还需要优秀的"执行者"。这个团队中的其他 4 个人，俊伟、小戴、小波和园园很好地完成了这个任务。在和他们讨论项目时，队员们总会很积极地提出自己的想法和创意，并且也会耐心地听取其他人的意见或建议，帮着队友完善他的想法。

3.2 如何精挑细选

参加创新、创业类比赛的团队在挑选队友时，按照之前提到的团队组建原则来说，需要考虑人选的性格特点和专业背景两个方面：性格特点关乎比赛团队的合作情况，专业背景关乎比赛的进行情况；性格特点是灵魂层面的专注点，专业背景是实力方面的专注点。

在比赛团队确认之前，必须进行深入的交流和充分的了解，了解彼此的个性，注意个人性格与思维模式的不同，只有意识到个体的性格差异时才可以更加完美地扮演好自己在团队中的角色，发挥每一个人的潜在价值。接下来我们从每个角色的性格出发，探索一个优秀的团队所需要的合适性格。

如果将整个项目比作是一棵支系庞大的树木，而每一个成员对应这棵树的枝干、枝叶、花朵，而项目的最终完成便是这棵大树结出的果实。一个参与比赛的项目团队，只有树干、树枝、树叶和花朵全部实现匹配，这棵树才能够接出成熟的果实。

3.2.1 团队的领导者

团队的领导者是主心骨。队长这一角色就是这棵树的树干。作为"树干"，团队的领导者应当具有掌控大局、稳定团队的沉稳性格。

团队的领导者对项目将要达成的目标要充满动力和信心，面对困难时要勇于攀登顶峰。因此作为"树干"，团队的领导者首先要具有积极进取的心态，并且具有一定的技术能力，能够在项目中独当一面。此外，领导者还需要有良好的心态与出色的能力，才能够让团队成员信服。

"我们现在虽然遇到了问题，但是我们不能因此而慌张，自己先乱了阵脚，就很难挽救了。既然我们不清楚明天的放映设备是 WPS 还是 2007 或者 2010 版本的 Office，那我们就多做几个版本去演示，做好我们该做的就好。"晨洋总是能够在项目出现挫折和困难的时候发挥出"树干"的角色功能，对项目的全局、对团队的全体成员和对比赛的进程有一个总体的认识，在关键时刻显现出对于团队的重要支撑作用。

3.2.2 团队的协调者和创意者

团队的协调者和创造者是团队的重要组成部分。这个角色是这棵大树的花朵。之所以称之为花朵,因为这类成员能够热切地表达自己的想法,幽默搞笑,性格热情。

这一类性格的人对于达成目标充满动力和信心,他们性格活泼有趣,他们的积极心态和性格能够在比赛紧张的气氛中,起到协调和黏合的作用。在团队出现"低气压"的状况时,团队可能会出现一些微妙的不愉快,而这时,团队的协调者就会用他们的方式帮助团队,带动整个团队和谐。"花朵"型队员会为这个团队提供新鲜的创意。利用他们发散的思维和灵活的头脑为项目想出独特而精彩的创意。

"没事的,我们肯定能够解决。我们5个人就有5份力量。"

"大家今天也要一起加油呀!"

"每天早起第一句,给自己打个气,我也给你们打个气。"

"我们的项目就是一个公司,我们就是公司的 CEO、CFO,我们可要好好做,走上人生巅峰,成为真正的老板哦。"

……

俊伟在项目的实施中,就像小太阳一样,用幽默诙谐的话语给大家鼓劲,也会开一些小小的玩笑来调节因比赛而紧张的团队气氛。

"我们不如用现下比较流行的录屏来实现公众号操作和'易小儿'母婴生活馆的具体使用流程,再加入一些手势图标等,这样会更加直观,而且也可以节约放视频的时间。"这是在制作比赛展示用的 PPT 时小戴提出的一个精彩的创意点。

在比赛进程中,小戴也常提出一些新想法和新创意,将这些创意点运用到"易小儿"项目中,让项目变得更加精彩,比如在技术方面,见多识广的小戴总会提出很多的创意方案和制作步骤,推动项目的进程。

小戴和俊伟是这个团队中比较典型的协调者和创意者。俊伟的风趣幽默能够在团队遇到困难和低迷时期时,将团队的气氛调动起来,给团队带来比较明亮的色彩,这种积极的氛围对于比赛的进行大有裨益。而小戴作为团队中的大二"学弟",是这棵树的另一个花朵,他能够提出很多的新奇创意来帮助项目开展和项目展示。

3.2.3 团队的执行者和完善者

团队的执行者和完善者是这棵大树的树枝。没有树枝，这棵树的树干是光秃的，整棵树的花朵也是没有办法生长和绽放。树枝对于一棵树来说是发展的部分，有了树枝，花朵和树叶就有了生长的根基。

作为团队的执行者和完善者，"树枝"类型的队友具有严格要求、吃苦耐劳等方面的性格特点。他们在整个项目中发挥着极为关键的作用，在项目的开始和进行阶段，他们是促使项目前进的主力军，在项目接近尾声阶段，他们是帮助完善细节，力求项目完备的重要力量。

"我觉得咱们这个项目的策划书还需要再进行修改。"

"我觉得这个幻灯片要再核查几遍吧。"

"这地方我们再完善完善。"

……

小波是"易小儿"团队中的典型的"树枝"。在项目的推进中，她是强而有力的执行角色，极好地发挥了自己在经济管理方面的专业技能。同时，细心的性格使她不断提醒大家要进行修改和完善，在大方向中发现小细节，用多次的核查推动项目的完善。

3.2.4 团队的辅助者和推动者

团队的辅助者和推动者是团队这棵大树的树叶部分。在一棵大树的各个部分中，树叶是负责光合作用和养分输送的，同样树叶也是满树花朵的衬托和辅助。"树叶"型队员在性格上沉稳，在项目出现各种波动时都能够保持冷静。

具有这一类型人格的队员能够成为团队领导者、团队执行者和团队创意者的极好的辅助，他们在团队之中能够以一种独特的方式帮助团队项目的实现，推动项目的完成。

"易小儿"项目团队中，园园是沉默的"树叶"。这个戴着眼镜的文静姑娘一直都默默完成团队项目所分配的任务，将自己的任务完成好之后，能够帮助项目的其他成员继续完成工作。省赛前的晚上，大家在教室中模拟答辩到凌晨三点，都很疲累，第二天一大早还得去抽签，排答辩顺序。在这种情况下，园园主动提出，自己没有答辩任务，可以早晨去抽签，这样大家可以多休息一会儿。"我去吧！"平淡的语言中所包含的是这个女孩的付出。也是在同一天晚上，大家都回去之后，园园工作到凌晨终于把评委的问题题库整理完成了。她总是用自己的方式，为大家减轻负担。

在团队的整个进程中，她的身影沉默但坚韧。"树叶"沉默，需要强调的是，并不是指这一类型的队员在项目进程中一言不发，而是相较于其他队员来说，具有这一性格特点的队员比较少言和稳重。

一棵树，没有树干，不会成形；一棵树，没有树枝，不会延伸；一棵树，没有枝叶，不会繁茂；一棵树，没有花朵，不会精彩。作为一个团队，最好能够具备"一棵树"的各个部分，当然这些部分并不完全独立，在形成团队的 5 个人中是会出现交叉和重复的。这也更加强调搭配，关注队员性格特点，实现合理搭配。

性格对于团队来说很重要，但是我们更要注重专业能力，一味地只在意性格的合适，可能会导致"五边形"出现缺口。在专业背景方面挑选队友，所需要的是"对口"，并且一定要贴合团队所挑选的项目类型。在专业背景上主要根据"3+1+1"的挑选配置，当然，这只是一种方式。

根据项目特点，一般需要有 2~3 名专业技术人员负责项目主体框架的搭建，如项目跟生物医疗有关，那么有医学专业背景负责产品研发制作的成员就应该有 2~3 名，项目是有关网站、APP 等平台服务的，就需要有计算机编程专业的队员。

因为是创业类比赛，并不是只看产品或技术怎样，而是需要团队把产品或技术转化为一个完整的商业项目，并落地运营。所以建议大家能够挑选经济管理方向专业的队员，这位同学具有财务、市场分析和市场营销等方面的专业知识，能够在团队中负责项目的商业推广。

因为"三创"赛是以答辩展示为主要方式的比赛，所以还需寻找具有资料撰写、设计、PPT 制作等方面特长的同学，让项目更美观、更亮丽，也更能吸引评委的目光。

在"易小儿"团队中，晨洋、小戴和俊伟是技术型人员，小波是具有专业知识的财务人员，园园是材料撰写和文案设计制作人员。不过在实际的团队操作中，这些任务都有交叉和重叠，并不进行特别确切的要求，所有成员的目的是能够实现项目的良好运行。

第4章 选题——成功的敲门砖

在"易小儿"项目选题之初,我和队员们讨论时,就着重强调了项目选题的重要性。一个好的项目选题,就如同这个项目的指路灯,是项目必须要坚持的方针。只有选题优才能方针优,而方针优才能道路优,唯有道路优才能项目优。因此可以说,选题在很大程度上决定着一个项目的成败。

有许多初出茅庐的团队在确定选题的过程中,或许是因为经验不足,没有意识到选题的重要性,随随便便就定下一个选题;或许是社会实践不足,对市场的观察和理解还不够深刻,没有能定下一个切符合实际的选题;又或许是因为团队之间缺少沟通,选题中存在许多分歧,最终导致选题不满意。

这些都是在选题过程中不可取的,由此可能会带来十分严重的后果——在执行过程中经常遇到瓶颈突破不了,最终导致整个项目的失败。那么,应该怎样选择一个有创意、符合实际、具有操作价值的选题呢?

首先,在定题过程中要始终保持一个平和的心态,不能急于求成,要知道,在急躁、焦虑的状态下做出的决定,都是不完善、不客观的。

在决定参加"三创"赛初,"易小儿"团队并没有确定一个明确的选题,几个成员都开始有些焦虑了,但是越着急就越难以产生好的思路。我注意到他们的这一现象后,有些担心,于是把他们聚集起来,帮助他们放松心态,平和心情。我告诉他们:"同学们,不要过于关注比赛这件事情,焦虑只会让你们忽视身边出现的灵感,如果没有思路,就不要再冥思苦想了,去外边看看天空、草地,听听音乐、鸟鸣,或许反而能帮助你们产生灵感。"

在这种平和的心态的促进下，他们更好地展开头脑风暴，更好地进行理性的分析，最终在理性思考、细心观察后逐渐有了"易小儿"这个项目的灵感。

其次，要关注选题的"质"与"量"。"质"，即本质，项目的本质要能很好地迎合"创新、创业、创意"的要求，"质"也是指这个选题是否有新意，而不是在市面上大家看见的千篇一律的东西。除此之外，还要考虑是否符合社会实际，创意最终是否能够通过努力转换成实业；是否有意义，能够在现实中产生一种社会效益，给大众带来好的影响。而"量"，即数量，但是这里的数量指的并不是追求数量多，而是在于数量精，低质量的"数"宁可不要。

总的来说，在定下创意的同时，要严把选题"三道关"——创新、创业、创意。此外，在选题上切忌同时提出很多不可实施想法，看似有了数量，却没有质量。当然，要保证这些"量"是有质的"量"的同时，还要尽可能多的产生不同的创意。只有这样，才能保证总体方向的正确。只有正确的航线才能带领一个船队走向成功的彼岸，而只有真正符合"三创"精神内涵的选题才能带领一个团队走向创业的成功。选题可能只是创业"万里长征"中的一小步，但是这一小步却决定着你能否迈向成功的一大步。

因此，重视选题，与队友们一起分析市场的现实，一起了解大数据的走向，一起发散思维，扩宽眼界，一起在"三创"思维的天空中翱翔，最终在星罗棋布的天空中，摘取最明亮的那颗星星。生活并非没有商机，而是缺少一双发现商机的眼睛。只有贴合"创业、创新、创意"这三大关口，努力做到"人无我有，人有我优"，才可以在竞争激烈的比赛中占据一席之地。要在那些五彩缤纷、让人眼花缭乱的创意里，选择那个最适合自己的选题。

4.1 把握选题三道关——原创、创新和可行

4.1.1 原创——选题的基础

项目选题最重要的一点，就是选题的原创性，这是选题的基础。"易

小儿"团队在了解到比赛原创性这一要求之后也产生了一些疑问，带着疑问，他们来向我咨询。

"老师，我们注意到大赛细则里要求原创性，我们也都知道原创是非常重要的，那有什么是在思考选题时要注意的地方吗？"

"是啊，老师，一定要独一无二吗？规则里也说了可以继承之前的作品，那么这又要怎么理解呢？"

听了他们对于原创性的提问之后，我找出了大赛细则，从具体的规则入手为他们解析。"这的确是最重要的问题，你们能重视这一点，非常好，那么首先我们可以先一起看看大赛的具体规定。"

大赛团队参赛细则中的第三点对参赛题目资格进行了明确的规定：

1. 题目来源

大赛题目来源可以为国内外企业、行业出题以及学生自拟题目等，大赛提倡不拘一格选题参赛，鼓励创新思维、创意设计和创业实施。

2. 原创性

所有参赛作品必须为参赛者未公开发表的原创作品，对于继承创新的作品，一定要有显著的内容创新，如涉及侵权参赛队则要自行承担相应的责任。

"大赛的规则看过之后，我要告诉你们，其中关于参赛题目原创性的要求主要有两点需要注意：首先参赛的作品必须为参赛者未公开发表的原创作品。也就是说，同一个项目不能同时参加多个比赛，之前参与过其他比赛的作品也不得用来参加本比赛。其次对于继承创新的作品，一定要有显著的内容创新。如果之前同一个项目已经参赛，再次参赛一定要有明显的改进和创新，不能仅仅换个演讲方式或者换一个团队或者做小幅度修改就再次用来参赛。"

"老师我们明白了，我们会将原创放在首位的，谢谢老师。"队长晨洋认真地说道。

从比赛规则里可以看到，选题原创性的重要程度，这也是所有人都必须遵守、不能违背的准则。所以不要抱着侥幸心理，使用自己之前已经用过的成品，或者直接借鉴他人的作品。

当然，你也并非不能站在巨人的肩膀上，你依然可以在比赛中完善你之前的作品。但是前提是，要在产生了更多、更好创意的基础上，继续优化作品。只有坚持了原创性这一准则，才能有之后的创新和可行。

在比赛之初，有许多同学也十分迷茫，不知道应该如何下手，有的想直接拿以前做过的作品，还有的想要通过改别人的作品来参加比赛。其实产生这种想法和心态是正常的，每个人都想待在舒适区，但这是比赛不允许的，这不是你偷懒放弃思考的借口，所以关键是你在产生了这样的想法之后应该怎么做。是将偷懒的想法变成现实，还是转变思维、积极思考，这些不同的做法将决定团队的比赛之路是否顺利。

4.1.2 创新——选题的灵魂

金马的《21世纪罗曼司》中这样写道："如若说，在创新尚属于人类个体或群体中的个别杰出表现时，人们循规蹈矩的生存姿态尚可为时代所容，那么，在创新将成为人类赖以进行生存竞争的不可或缺的素质时，依然采用一种循规蹈矩的生存姿态，则无异于一种自我溃败。"

翻开人类的发展史，从远古的钻木取火，到新型能源的充分利用；从古代的"烽火连三月，家书抵万金"，到现在的相隔千里却近在咫尺的地球村；从古代的风餐露宿、日夜兼行到现在高速快捷的交通工具……人类所取得的每一点进步，无不得益于对未知世界的探索，无不得益于创新与创造。人类社会的发展依赖于创新，可以说创新之路是我们进入新时代不得不、也必须要走的一条路。无论是个人、团队、企业还是国家，只有走上创新之路，才能在这风起云涌变幻莫测的大环境里占有一席之地。

"易小儿"团队在初步产生了项目的灵感之后，来找我诉说他们的灵感。我听了之后，觉得虽然"母婴养生"这个创意不错，但是这一项目也并非没有在市场上出现过，所以选题的创新程度还是略有不足。于是我在给他们开会时，强调了创新的重要性。

"同学们，开始开会前，我先给你们讲个故事。"

过去，有一家酒店因业务做得十分红火，安装的电梯不够用，经理打算再增加一部。专家们被请来了，他们研究认为，唯一的办法就是在每层楼都打个洞，直接安装新电梯。

就在专家们坐在酒店里商谈工程细节的时候，他们的谈话恰巧被一位正在扫地的清洁工听到了。清洁工对他们说："每层楼都打个洞，肯定会弄得尘土飞扬，到处乱七八糟。"

专家答道："这是难免的，谁让酒店当初设计时没有想到多装一部电梯呢？"

清洁工想了一会，说道："我要是你们，我就把电梯装在楼的外面。"

专家们听了清洁工的话陷入了沉思，但马上他们为清洁工的这一提议拍案叫绝。从此，建筑史上出现了一个新生事物——室外电梯。

"有许多人或许会说创新是一件很难的事情，但是从这个故事里我们可以看到，创新许多时候就来源于生活，来源于身边的一件件小事，来源于自己对生活的观察和思考。当你对生活充满好奇心时，当你细心观察生活中那些细小的事件时，当你勤于思考生活中遇见的种种问题时，当你将思考与理论联系起来并且能够付诸实践时，你就会发现，创新其实十分简单，创新的灵感其实无处不在。"

"老师您说的没错，我们会继续观察，细心体会，为我们的项目注入创新的血液。"队员们异口同声地说道。

哲学家布莱克曾经说过，独辟蹊径才能创造出伟大的业绩，在街道上挤来挤去不会有所作为。创新是世界进步的动力。有了创新精神，才会有前进的希望。同样的，创新也是一个项目成功的灵魂和核心竞争力。为什么"三创"赛如此看重项目的创新呢？原因就在于，如果没有创新，那么这个项目就只是前人项目的复制品，是没有任何存在的价值和意义的。这种毫无价值的复制品除了浪费时间和资源，不会产生任何亮点和吸引力。无论是评委还是消费者都不会为这个项目买单。

"三创"赛从第一届发展到如今，不论是校赛答辩、省赛答辩，还是国赛答辩，主讲人无一例外都会突出各自项目的创新点，这是展示环节必须具备的，也是项目最能产生竞争力和吸引力的部分。当然，如果评委老师对某个项目创新点存在疑惑或者觉得亮点不够，也会在答辩环节就项目创新点进行提问。所以，参赛团队最不希望看到的就是，在比赛现场两支队伍的选题类似，这个时候决定其胜败的关键就是项目的特别之处。

在创新方面，"易小儿"团队就具有其自身的特色和吸引力。

"大家觉得我们的特色和创新点可以着重放在哪些地方呢？"首先

我引导他们思考自己项目的创新点。

"我觉得我们已经有了'外公的小馆'这个微信公众号，公众号里将外公多年手写的医书，整理汇总，并且分享精髓，也帮助了更多的人，同时弘扬中医'治未病'的理念，提高大家注重日常调理身体的意识；另外通过公众号也销售了一些外公独家配方的传统药浴包，虽然传统包装简易，但疗效不错，也获得了购买者的一致好评。"队长晨洋最先回答。

"没错，公众号'外公的小馆'获得了颇多关注，这是我们已经做得比较好的地方，也是我们可以利用借鉴的地方。"小波接着晨洋的分析说道。"我认为我们可以以'治未病'理念为核心，以宝妈和小儿的健康食疗、推拿、药浴为特色，采用线上+线下相结合的经营模式，为母婴健康管理提供专业化、标准化、个性化服务。"

我仔细听了他们的回答之后提出了建议，并且鼓励他们继续努力。"很好，你们分析得都很不错，小儿健康调理是一个市场占有率较低的新兴产业，从行业目前发展态势来分析，儿童健康管理从业人员少、服务机构少，可以说这是一片蓝海市场，所以选择这个领域本身就是一种观念的创新，同时你们选择的线上+线下的经营方式，对于传统的中医养生模式来说，也是一种创新。在接下来项目实现的过程中，你们要继续保持创新思维，同时通过逐步深入了解母婴市场，把品牌进行推广完善，一起将这一创新的想法付诸实践，你们还可以多联系一些医学专家对传统的药浴产品进行改良，进行标准化的生产。我相信你们会越来越好。"

4.1.3 可行——选题的本质

比尔·盖茨曾经说过这么一句话：这个世界并不在乎你的自尊，只在乎你做出来的成绩，然后再去强调你的感受。成功需要天马行空地想象，但是更需要脚踏实地地努力。试想一下，一张弓上面镌刻了非常漂亮的花纹，可是一拉立刻就断，这样的弓则毫无价值。

李嘉诚的故事大家也都十分熟悉。李嘉诚不是好高骛远之人，他总是脚踏实地，向既定的目标迈进。他亦不会鲁莽行事，每一个重大举措，都要经过长时期的深思熟虑、周密调研。李嘉诚以独到的慧眼，洞察到地产的巨大潜质和广阔的前景，最明显的表现就是人口的增多和经济的发展。

1951年，香港人口才过200万。到了20世纪50年代末，则已逼近300万。在这样的背景下，不仅是住宅需求量增多，因经济的持续发展，还急需大量的办公写字楼、商业铺位、工业厂房。香港不仅狭小，而且多山。有限的土地上面临的是无限的需求，寸土寸金，房贵楼昂。许多物业商只肯签短期租约，用户续租时，业主又大幅加租。租户们苦不堪言，李嘉诚亦然。于是他构想，我要有自己的厂房该多好，就用不着受物业商任意摆布。他的构想，经过长时间酝酿，进一步明朗：我为什么不可以做地产商？

1958年，李嘉诚在繁盛的工业区——北角购地兴建了一座12层的工业大厦。1960年，他又在新兴工业区——港岛东北角的柴湾兴建工业大厦，两座大厦的面积，共计12万平方英尺（1英尺=0.304 8米）。梦想可以是基础，可以是动力，而引导我们走向成功的关键是行动。李嘉诚进军地产业的壮举就是源自一个心愿，由这个心愿所触动，进行踏踏实实的可行性研究，认准地产的广阔前景，毅然挺进。

如果说创新、创意让项目出彩，那么可行性就是让项目真正落到实处。如果一个项目缺乏可行性，那么即使再精彩也是徒劳，项目进展不下去注定会失败。

在以往的比赛中，评委在听某个小组展示时，就对其项目的存在表示过质疑。首先，这个项目的核心服务是私人定制，服务范围包括顾客的所有生活所需品，其中主推衣服、包和鞋。私人定制确实逐渐走进顾客的视野，这样的产品一旦出现必将会吸引顾客的眼球，项目在最初选题的时候好像确实做到了创新和创意。但是，公司设计出来的东西真的能够完全满足顾客的需求吗？答案是不确定的。除此之外，小组提出的服务是高端定制，但是财务报表的数据让人不得不怀疑项目的真实性。想法虽好，但是不切实际，最终的结果就是被淘汰。

由此不难看出，在展示的过程中，如果无法让评委相信项目的可行性，那么所有的东西就会变成一纸空谈。"三创"赛要求的"创新、创意、创业"，最终必须要落到"创业"这个点上。那么应该如何做到项目可行呢？

"你们说，我们的项目应该如何落到实处，真正实现呢？"队长晨洋看着他的队友认真地询问道。

"首先我觉得我们可以先分析一下市场，在二胎政策实施后，母婴市场需求持续扩张；小儿健康调理行业是一个新兴产业，市场占有率低；传统中医'治未病'理念逐渐深入人心，这些都是利于我们实现发展的背景。"小戴首先做出了回答。

园园接着说："你分析得没错，我觉得我们团队可以专注于将中医养生理念和现代的科学手段相结合，采取'产品+服务'的模式，充分利用线上资源，实现电子商城、预约到店服务、体质测试以及个性化推荐等线上服务。"

"是的，除此之外，我们还应该成立专业的服务团队，可以提供一种保姆式加盟模式，以十二大版块为加盟者提供技术支持，并且我们的项目里还要汇集儿科、妇科专家，对传统配方产品进行改良，最终形成标准化的产品。""我觉得还可以有专业的推拿师、药浴技师为到店顾客提供专业优质服务。"俊伟和小波也都纷纷积极地说出了自己的想法。

我听了他们的分析之后，发觉他们对于"可行性"的概念和做法，已经有了较好的理解。"你们分析得都很有道理，现在你们所得出的这些结论和方法无论是线上的商城，还是线下的服务，都是在具体分析之后，有了专业的计划和具体的操作指导，是可以或者已经被转化为现实的，具有切实的可行性，我为你们感到开心。大家都继续加油，再接再厉！"

4.2 选题指南针

确定选题可以说是很多团队在项目开始时遇到的最大绊脚石，选题问题如果得不到解决，团队就会被堵在比赛的入口处，就不能继续走下去，整个项目也就无法继续开展。

所以如何开始准备选题呢？如何确定一个选题呢？这些问题值得每一个参赛者仔细思考。在上一节内容里，已经详细叙述了一个优秀的选题所必须具备的三个要求，那么应该如何选择一个具备这三个要素的选题呢？

许多团队往往挠破头也难以解决选题问题，拖到最后只能草草了事。其实这个问题虽然看起来十分困难，但是想要做好，却并不复杂。关键要重视平时在日常生活中的观察、积累、思考。如果平时不注重观察、积累和思考，想要短时间内想出较好的项目选题也是不容易的。

一个完整、优秀项目的产生，往往需要一个漫长的过程，不仅仅是校赛、省赛再到国赛，在校赛之前就是一个漫长的创作过程。整个项目的出发点是什么，为什么想到这个项目，市场需求大不大，可行性强不强，能产生怎样的影响和效益，这些问题既是一个项目的开始，也是比赛场上评委老师十分关心的问题。产生一个好的选题，需要做到以下三点：生活观察——从社会需求切入；结合课题——从老师课题中找思路；升华现状——在现有市场上做大突破。

4.2.1　生活观察——从社会需求切入

创业的出发点之一就是更好地满足人们的需求，因此在生活中细心观察，发现生活中缺少的，或是做得还不够好的领域就是一个很好的选题思路。因此在平时的生活中，要尽可能发现自己遇到的一些问题或者观察他人的需求，尤其是特殊的、难以被解决的需求。

此次"易小儿"团队也是在仔细观察生活之后选择了选题。从市场需求角度来分析，每一个有孩子的家庭都有一个共性：最舍得为孩子花钱。空气污染、食品安全问题等，对孩子的健康都是一个极大的挑战，而且更多的家长开始追求安全有效的传统中医治疗方式。从行业支持力度来分析，小儿推拿已列入"国家基本公共卫生服务项目"（以下简称"公卫"），这是中医药项目第一次进入"公卫"项目，是进入"公卫"项目的仅有的2个中医药项目之一。

在综合分析了以上因素之后，"易小儿"团队最终决定以0—12岁小孩和新一代宝妈为目标客户，以健康食疗、推拿、药浴为特色，通过传统中医养疗调理母婴身体的手段来作为自己的创业选题。实践证明，这一诞生于生活的想法，最终也服务于生活。而只有这些能够真正服务于生活、立足于生活的想法和创意，才能具有活力和创造力，才不会被生活所淘汰。

生活的点点滴滴很多、很琐碎、很复杂，但只要善于观察和体味生活，善于去发现和挖掘需求，善于思考和理解缺失，你就会发现，生活中并不缺少好的、新的创意。

4.2.2 结合课题——从老师课题中找思路

第二种思路就是从老师的相关课题中找思路。这种方式多与前文（第2章）以团队为起点的项目对应。初期，在组建好不完整的团队后，如果短期内没有好的想法，可以向指导老师或者相关老师求助。站在巨人的肩膀上，能帮助你看得更高、更远，从老师或者前辈的经验中往往更容易吸取精华，开拓思维。当然，这并不等于原封不动地生搬硬套，这只是帮助你们开阔眼界和思路。所有的创意和想法，依然需要自己思考。

"易小儿"团队也是在询问了大量专业老师并得到指导和建议之后，结合自己的思考和理解，才最终促使项目的完成。在项目开始之初，虽然"易小儿"团队已经有了"外公的小馆"项目雏形，但是没有想到突破点，于是他们实地前往中医院，咨询了许多中医领域的老师了解这一领域的发展现状。

"老师您好，我们已经有了'外公的小馆'这个微信公众号，我们想要在这个微信公众号的基础上进行一个项目的创业，但是对于中医养生领域还是了解不够，想向您咨询一下关于中医养生领域的状况。"队长晨洋认真地询问专业老师的建议。

"随着经济的发展，中医养生现在越来越受到消费者的重视，目前来说，中医美容、减肥、保健、疗养、按摩、针灸等都有较好、较快的发展，你们的资质做这些竞争力可能还不够，但是老人群体数量的增加，以及二胎政策下婴儿群体数量的增加，是如今社会发展比较新的现象，你们可以多关注关注这些方面，多结合一下国家政策进行分析。"

"好的，谢谢老师，我们会在具体的分析和考察之后继续我们的项目。"在听了老师的建议之后，队员们原本疑惑、紧张的脸上逐渐浮现了微笑。

在获得专业老师的建议以及在对市场考察和分析之后，他们将目光放在了母婴这一领域，最终他们也实现了这一创业目标。

然后是从与企业合作的项目、平时的课题入手，通过团队内的头脑风暴，也能找到项目思路。有许多团队抱着一定要做出独一无二的项目的想法在自己的世界里冥思苦想，最终一无所得。殊不知这种故步自封的态度是创业团队的大忌。因为在创意产生的阶段，只有博采众长，尽可能地产生更多的创意，才能在大浪淘沙之后找到那个最合适的项目。因此拒绝已有的项目而妄图在短时间内思考出一个独一无二的创意，是不可取的。每一个创业者都应该学会交流，与以前的项目交流，与合作过的企业交流，与自己的队友交流，只有这样，才能产生更多的思路。

4.2.3 升华现状——在现有市场上做大突破

正如大赛参赛题目资格中原创性要求中提到的，对于继承创新的作品要有显著的内容创新。从这一条细则我们也可以举一反三。

目前，已有几家幼儿中医馆在成都落户，市场竞争还是相当激烈，想要占有较大的市场份额，必须生产出专业个性化的产品，推出优质的服务吸引顾客。为了能让"易小儿"团队了解母婴中医养生的现状，从而做出更有针对性、满足消费者需求的产品和服务，我决定带领团队成员，一起去成都的几家幼儿中医馆进行实地考察。

"同学们，从现在市场上存在空白但有大量需求的项目入手容易理解，但是对现有的东西进行升华和创新也是一种较好的思路，现在成都已经有了几家幼儿中医馆，这对你们来说是一种挑战，但也是你们学习的好机会。今天我们就一起去这几家中医馆，学习一下他们的经营方式和理念，当然最重要的还是，最后要形成你们自己的理解和认识。"

于是带着学习的心态，我和队员们一起调研了这几家中医养生馆。在对这些门店进行具体考察之后，队员们也都受益匪浅，有了更多、更深入的见解。晚上开会时，都迫不及待地想要分享自己的收获。

"同学们，在今天的考察学习之后，你们有什么收获吗？"我微笑着询问他们当天的成果。

俊伟首先举手发言："我先说吧，首先我觉得母婴市场仍然处于发展阶段，会不断有竞争对手的加入，使市场竞争更加激烈。市场的发展既给我们带来了发展的机遇,也带来了挑战。"

"是的,现今年轻一代越来越注重食材来源、材料品质、服务专业化,因此我们的标准化与专业化程度还需要进一步提高,我们只有以更加专业、科学的产品与服务才能取得顾客的信任。"队长晨洋总结分析道。

园园随后补充说:"并且时刻关注市场变化,及时做出合理的战略决策,把握发展机会。"

"最后制定有效的营销策略,利用各类新媒体营销方式,努力塑造品牌亲和而专业的形象,提高品牌竞争力;关注行业发展情况,及时发现潜在竞争者并做出反应。"小戴在听完他们的发言之后,缓缓说道。

我听了他们的发言之后感到十分欣慰,在这次实地考察之后他们的确有不少收获,我不由得对他们竖起了大拇指。

而后我继续补充道:"你们说得都很有道理,那么总结来说,一方面要加大宣传力度,另一方面在产品和服务上也要充分考虑顾客需求,为顾客提供合理化定制套餐服务。设计信息收集的方法、步骤,安排相应的工作人员负责信息收集,形成完善的信息收集、处理、发布系统,确保信息及时准确。如果日后你们真的能够实现在原有行业上的创新,那么你们也会为母婴养生领域开拓新的发展道路。而这种升华,一方面既有利于你们项目自身的发展,另一方面也能够促进这个行业的发展。"

第5章 构建完整思路
——让导师为你"转身"

相传五台山上有位禅师,极富有智慧,无论谁来询问,都能一一解答。一个年轻人来到山上,对禅师说:"我放不下一些人,放不下一些事。"

禅师问:"什么人,什么事呢?"

年轻人苦恼地回答:"公司遭遇经营困难,负债累累,准备谈婚论嫁的女友也离开了。我想不通,也放不下。"

"你心中有执念。"禅师一边烧水,一边说。

"是,我放不下。公司明明苦心经营,为何做不好?我和女友感情这么好,怎么就离开了?"年轻人愤愤不平地说。

禅师用烧开的水清洗茶具,不紧不慢地说道:"五台山山势险峻,你不辞辛劳来到这里,难道就不担心这里没有你想要的答案吗?"

"我既然来了,就有心理准备。我想见到禅师,为我解答。如果没有,那就当爬山了。"

"你看,你可以在这件事情上面做好自己的准备。人生的哪一处,不是应该这样呢?心态就是你最好的依仗。"禅师拿着茶杯,递给年轻人。"没有什么东西是真正放不下的。"

"可我就偏偏放不下。"

禅师往年轻人的茶杯里面倒热水,一直倒到水溢出。

年轻人被烫到马上松开了手。

禅师说:"其实,这个世界上没有什么事是放不下的,我们总是要遇到很多事情。就像你爬这座山，知道目标在这里，你就能朝着目标努力前进。公司经营、人与人的关系也如此。而遇到问题，是执念作怪罢了，就像杯子，你感受到痛，自然就会放下了。"

年轻人若有所思地离开了。

我们的一生中会遇到很多的问题，有时候我们无法解决，甚至被困在里面。这个时候，我们就需要一个导师来指引。

无论是人生还是比赛，都是同样的道理。在"三创"赛中，学生们由于社会经验不足，历练不够，缺乏一个全面的判断。虽然常常有出人意料之举，做到了十足的创新和创意，可是，要真正落实到行动上面，就变得十分困难，甚至无法操作。

激烈的竞争可以一定程度上促进比赛的进一步发展，但是，与此同时，也会带来对比赛的规章制度理解、参赛作品把握及制作以及构建和呈现的方式等许多问题。

在"三创"赛过程中，比赛前准备工作繁杂；比赛期间，团队的经费筹集可能遇到瓶颈；比赛时任务重，如何合理分配时间，这些对指导老师和参赛学生都有很高要求。因此，导师的作用就尤为重要和突出了。

导师的存在，能及时地调整方向，指出问题，指引学生在一个正确的大方向中前进，给予学生一定想象和创造的空间，在比赛项目中发挥着不可或缺的作用。

在比赛中常常有同学慌慌张张地跑来问："老师，我们项目已经做到一半了，可是发现没办法落实，之前的计划全部打乱了，这可怎么办？"

我听了觉得十分惋惜，如果能及时地联系合适的导师，寻求建议，那么这个项目也不至于发展到进退两难的地步。导师是需要同学们主动去联系的，什么时候联系，应该怎样联系，这些都是参赛团队的必修课。

5.1 导师的重要作用——不仅是灯塔

对于一个团队来说，不仅需要有团队成员，还必须要有导师。导师对于一个团队的重要性，就如同一艘船的船帆，是不可或缺的助推力。一个好的导师对于团队来说是获胜的又一关键。

首先，在项目形成初期，导师可以为参赛团队提供方向性的意见。

在三年前指导比赛时，我遇到过这样一个学生团队，他们告诉我："老师，我们团队发现大学生们都很喜欢网购，现在用来网购的 APP 也很多。这导致有时候要知道自己的快递到哪里了，只能分别打开每个 APP 查看，或者自己去各大快递公司的官网输入订单号，这样的操作非常不方便。我们团队就想要做一个软件，可以将各大物流公司的物流信息汇总起来，消费者们只需要在一个软件上输入手机号便可进行一键查询。凭借软件的方便性，我们一定可以吸引到很多用户的！"

我听后为学生们善于观察生活中的现象而感到高兴，同学们继续充满自信地告诉我："老师，为了完成这个项目，我们团队集齐了学物流专业的同学、擅长沟通的同学，还有编程方面的技术大牛，对完成这个项目我们有信心！您可以给我们的项目提供一些意见吗？"

看着同学们自信满满的样子，我还是痛下狠心，指出了项目的问题："可是，大家想过没有，你们有什么能力，能够让各大物流公司愿意把重要的客户信息交到你们的手里呢？"

说到这里，同学们沉默了。我继续说："能开发出这个软件的人才可能有很多，但客户的物流信息是快递公司的重要机密，很难轻易地交给一个大学生团队，虽然大家的想法很新颖，但是项目并不具有可行性。"

最后同学们经过讨论，放弃了这个方案，重新确定了选题。

"易小儿"团队组建成功后，在进行项目选题时，也面临着同样的方向抉择问题。

队长晨洋组织团队进行商讨后，向我汇报大家的初步想法："老师，中医药传统文化博大精深，而现在大家都在追寻绿色健康的生活方式。我们想要做一个不同的、有特色的中医馆。"

我对于学生们复兴中医药传统文化的精神感到十分欣喜，这是一个好的方向。"那大家对于这个项目方案的具体实施有什么设想吗？"

俊伟迫不及待地继续阐释说："我们了解过，许多中医馆，大部分以成年人为主，对于婴幼儿群体不是很完善，对待婴幼儿的治理方案都以喝中药为主，很多小孩都很抗拒，毕竟中药那么苦。我们想过，如果我们这个项目要开展，可以专门开设一个婴儿室，作为婴幼儿看诊的场所，这样，既可以吸引一批婴幼儿方面的消费群体，又可以兼顾稳住成年人的消费。"

乍听之下，这是一个两全其美的好办法，全体队员也都觉得这是一个可以实施的方案。可是，真的就这么完美吗？

这时，导师的作用就凸显出来了。我说："这样的经营模式早就有人在操作了。你们缺少社会实践的经验，对于市场的形势无法有一个良好的判断，这是你们做得不够好的地方。但是，这也是你们的优势。正因为你们没有身在市场，因此不会拘泥于市场。对于复兴中医药传统文化的精神我是十分赞同的，但市场形势险峻，消费者需求日新月异，做中医方面的项目，你们要做出自己的特色，明确自己的定位，不能什么客户都想要，否则最后只能鸡飞蛋打。"

这就是导师的作用之一，可以在项目的形成时期，对项目的可行性进行评估，对想法是否重复等问题提前进行纠正，又可对方案欠缺的想法进行完善。把握大方向，不断调整小方向，为项目打下坚实基础。

其次，导师可以在项目实施中为大家提供资金支持解决途径。大学生所接触到的社会资源是有限的，但一个项目的建立从资源、资金到技术都不可或缺，而一位指导老师，可以为大家在项目实施时解决资金瓶颈问题。

2014年我指导的 Tracker 团队，在进行项目落地的资金筹备时，决定采用自己集资的方式，我知道后立刻阻止了。学生的资金本就不够充裕，即使团队内部集资也很难满足项目的资金需求。于是我联系到一家园林绿化公司，经过与该公司的协商，他们很乐意对团队项目的落地进行帮助，最终决定注资30万元，帮助团队渡过资金难关。

在"易小儿"团队项目的启动之初，也同样面临着资金问题。这是一个很有特色的项目，因此，要找投资方，就需要找与中医药相关的公司。于是，我为团队推荐了可以提供资金的中医馆，让同学们基于这个项目的开展，向中医馆进行详细的阐述和后续方案设想的介绍。在听了"易小儿"团队的说明后，中医馆对他们的项目也很感兴趣，最终决定为"易小儿"项目注资。

所以，一位指导老师不仅可以为团队答疑解惑、提供咨询，还可以为团队提供无法接触到的资源，从而进一步推进项目的落地。

再次，导师可以为团队提供专业知识咨询和提供与项目相关的其他专业导师的帮助。

"易小儿"团队在落实项目的过程中，小戴曾问我："老师，我们做婴幼儿药浴的市场会不会没有消费者，如果这样操作，应该怎么做才能让宝妈们放心把孩子的健康交给我们呢？中医的具体操作都有哪些流程呢？"

我听完觉得他的提问是一个很实际的问题。创业团队的大学生少有工作经验，特别对于中医操作这个方面，更是极少接触。

我首先肯定了小戴的提问，也给予了队员们对这块市场的信心。随后，我联系了一位中医馆的专家，这位专家对于中医市场有着丰富的临床经验和扎实的理论知识，我决定邀请他作为团队的导师之一，为学生们补上中医方面的功课，这大大增强队员们的实践信心。这些资源是孩子们所接触不到的，越是需要资深的专家做指导，就越需要导师为其提供相应的资源。

每一个团队都需要提交一份商业计划书。虽然已经有了模板，但是涉及细节方面，队员们依旧心存疑虑，毕竟大家对于商业计划书也只有概念上的认识，而实际要去落实的时候，就不能只是纸上谈兵了。

导师可以为学生解答这个疑问，为团队提供专业知识咨询，弥补了学生在部分专业知识方面的空缺，也增强了其对于项目的理解力和实践能力。

最后，导师的作用体现在把握全局和把控细节上。参加比赛做项目是一个十分辛苦的过程。在这个过程中，有的人会迷茫、有的人会退却、有的人会焦虑。这时，导师的鼓励是最好的"兴奋剂"。

"三创"赛从报名开始到最后的总决赛，期间至少要经历七个多月的时间，在这七个月的时间里，我曾和团队一起在深夜里修改项目，在酷暑中商讨创意。进行省赛决赛前一晚，我刚开完会，打开微信群，看到群里小戴发的团队模拟答辩的照片。

"大家现在在哪里呢？"刚打完这行字，我才注意到现在时间是凌晨两点钟。

不一会儿，园园回道："在我们12号楼的社团办公室里。"

原来队员们还奋斗在电脑前,这让我非常感动,我想过去看看他们。

当看到我的时候,队员们有点惊讶。我从队员们有些疲累的面容中看到了他们的努力和坚持,不禁更加心疼。

"大家都累了吧。晚上太辛苦了,先吃点东西。项目的事情我们一个一个问题来解决。先顾好身体才能往前走。"

后来,国赛落幕后的某个夜晚,园园告诉我:"白天有许多学习功课要做,晚上一直不停地修改 PPT,心里很煎熬,身体也疲倦到不行。那天凌晨,老师带着饼干和牛奶来看我们的时候,我们超级感动。您走了以后,我们大家都说,无论如何,都要把项目做好,才算不辜负老师。"

看着一份份凝聚着队员们日日夜夜俯首案前的辛苦结晶,看着大家欢欣雀跃的表情,我知道,队员们成长了。一页页 PPT 逐渐在我的眼前展开,这是参考了众多策划书、走访了许多商家、收集了大量实地数据的结果。孩子们用严谨的数据和切实可行的方案,将这个项目生动地展现在大家面前。无论从哪一个角度来看,这都已经堪称一份优秀的报告。

这里,我又想起了一个故事:古时候纪昌想要和飞卫学射箭,飞卫让纪昌练习看东西时不眨眼睛,再到看小物像看大东西一样清晰,看细微的东西像大物一样容易。这些事情看起来和射箭没有关联,但实际上却和射箭有着巨大的联系。从点滴的细节出发,坚持不懈地努力,纪昌最后成为一名射箭高手。

项目要想做得好,就应该重视细节,才能以小见大,推动全局发展。正是由于导师从全局出发,小处着手,大处着眼,对于细节要求的把握才能越来越严格,才能在一次次的修改中发现缺点、不断改进。

李斯曾经说过:"泰山不拒细壤,故能成其高;江海不择细流,故能就其深。"导师不仅可以培养参赛学生建立合理的知识结构、掌握独立开展科学研究的方法和动手实践的能力,更能在细节之处,为同学们保驾护航。

一位导师可以为项目把握方向,提供经验性意见,也可以对项目陈述中的一词一句进行斟酌,无论全局还是细节,导师都是一个团队中不可缺少的力量。学生的社会实践经验不足,比赛则在很大程度上,给了学生一个很好的机会去接触、认识这个社会。创业比赛给学生的，不仅仅是一个奖项、一个奖杯那样简单的意义，更多的是给学生增加锻炼的经验。在这个过程中，导师对于全局的把握，以及细节上的把控，都在比赛中或未来的工作中，给予学生极大的帮助。

在我心中，导师的作用还在于陪伴。无论是项目瓶颈期的一筹莫展，还是团队取得荣誉时的欢呼雀跃；无论是凌晨四点的校园夜色，还是炎炎夏日的正午阳光，作为一名导师，应该和学生们一起感受、一起经历，陪伴学生们一起成长。

5.2 何时联系导师——不仅是及时

说到何时联系导师，大家都容易有一个典型的学生思维。曾经有一支队伍，在将整个项目的方案完成后，拿着文档问我："老师，我们已经做好了相关报告，您看下有什么需要改进的吗？"

我看完报告说："这份报告你们之前有询问其他导师吗？"

学生马上说："没有，我们是独立完成的。"

看着期待的面孔，我有点不忍心打击学生的积极性。我说："这份文档的数据有实际去调查吗？关于项目的设想你们有去问过相关的专家吗？如果要落实这个项目，遇到的问题和解决方案有考虑过吗？"这些问题，学生们回答得都有些困难。

同学们一直认为，只要把报告做好了，然后找导师修改，就可以万事大吉。如果都这样想，那么导师只会成为修改者，而不是引导者。创新创业项目的比赛，要考虑的不仅是一份文档的完成，而且要考虑如何落实、怎样落实，否则就失去了创新创业比赛的意义。

同学们在比赛的过程中，不仅要依靠自身的能力，更要学会借助外力。导师的关键之处就在这里。对于一个项目而言，导师和学生缺一不可。因此，同学们何时联系导师就成为一个十分重要的问题。

导师作为比赛团队的一员，在团队中的作用不可或缺。参加各类竞赛的同学可能会经常遇到以下两种情况：参赛前，有些同学冥思苦想，却苦于没有新颖的想法，不知是否可以报名参赛；而有些团队已经初步形成了对参赛项目的构想,却不知是否可行,急需建设性的指导。面对不同的情况,大家究竟应该在何时寻求导师的帮助呢?

本书的建议:当比赛团队对参赛项目有初步的想法时,就可以联系指导老师了。

在指导比赛的过程中,经常有同学问我:"老师,我们想报名参加'三创'赛,但是不知道做什么、做哪个方面,您有什么建议吗?"

确实,相较于学生,老师对于竞赛会有更多的见解与感悟,学生可以向老师咨询,但这并不意味着参赛项目完全由老师提供。如果每一个团队的参赛项目都来自指导老师,那么对于创业比赛来说,其意义将只剩下"比赛",而缺少了"创业"的意义。导师对参赛的项目只能指出方向,真正去落实实践的只能是团队本身。

而何时联系导师影响着整个团队的进度和完善程度。比如,"易小儿"团队在寒假准备开始落实项目的时候便与我联系。对于初期的方向,我提供了一定的指导建议和修改,因此"易小儿"团队在寒假就已经着手进行一系列相关的工作,大大加快了整个团队的进度,给后期的调整和修改提供了一定的空间。

所以,当参赛团队有了一个初步想法请教老师时,就可以针对项目的可行性、实际价值、创新性等问题进行探讨,从而获得更有针对性的指导。这样既提高了参赛效率,又得到了中肯有效的意见,帮助项目迅速完善。同时,也要及时把握住时间,为完善项目保留余地,使项目更加尽善尽美。

当然也有构建成熟的创业项目参赛,本书建议这样的团队在参赛初期甚至平时创业过程中就找一位指导老师共同参与。

首先,会创业不等于能够在创业比赛中获得好成绩。创业比赛中也有很多方法和技巧,有一位指导老师来指点,可以让创业团队在比赛初期就迅速进入比赛的节奏。

在比赛中走得越远,越能得到更多专家、企业家的指导意见,创业团队就能得到更大的收获。而在平时的创业过程中联系一位指导老师也是有必要的,尤其是大学生创业团队,大学生缺少社会上的阅历和经验,对于创业也是初步踏入这个领域,更需要一位有经验的老师来为自己引路,陪伴团队发展,同时老师也可以给团队提供知识和资源上的帮助。

总的来说，在对创业项目有一个基本的概念时，不论你是要参加比赛还是已经开始创业，寻找一位合适的指导老师，都会让自己的团队，少走很多不必要的弯路。

5.3 如何联系导师——不仅是主动

5.3.1 导师的选择

参加创业比赛需要合适的队友，同样也需要一位适合团队的老师。什么样的老师是团队的最佳选择呢？导师的选择要与团队创业的类型相关。在"三创"赛中，可以邀请两位指导老师。大部分同学的第一选择是寻找与电子商务专业相关的老师，作为自己的指导老师。电子商务专业的老师无疑与"三创"赛"专业对口"。但是，现在的创业项目所涉及的创业领域越来越广泛，因此，对于另一位指导老师的选择也至关重要。

曾有一个线上打印脱墨一体机的创业项目，这个项目的指导老师除了电子商务专业的导师外，还邀请了一位机械学院的老师为其进行技术方面的专业性指导。很多创业项目除了其本身专业对口的老师以外，还邀请了金融专业、信息专业的老师加入。所以，对于导师的选择，不仅要考虑团队创业项目的实际情况，还要考虑导师的专业性，这些对创业项目的顺利实施和完成都有相当大的促进作用。

一般来说，本书建议从以下四个方面去了解导师并恰当选择。

一是导师的专业。比赛项目的方向和导师专业相适宜，可以让老师为团队提供专业意见，优化项目方案。

二是研究方向。要考虑导师研究方向与团队项目的契合度，契合度越高，对于比赛的作用越大。

三是导师的比赛指导经验。这与导师对比赛团队的指导紧密相关，越是经验丰富的导师，对于项目出现的问题越得心应手。

四是导师的时间安排情况。部分导师工作安排日程紧凑，所以建议优先选择比较有余力进行指导的导师。这些情况可以从学校官网和其他老师同学的讨论中进行了解。

总的来说，在选择导师方面，应该注意考虑方向和信息的收集，最终做出有利于比赛的选择。选择一位合适的导师，要充分考虑比赛项目的实际需要。指导老师最好由两名老师同时指导，一名老师是对项目所涉及的专业领域有较多研究的专业课老师；另一名老师则可以是专业的创业导师，以便于从项目的市场调查、项目运作、项目管理等方面给予指导和建议。

5.3.2 联系方式和沟通技巧

导师的重要性对于比赛不言而喻，对于一个项目的启动和完成更是不可或缺。当团队确定了需要哪一类专业导师之后，再确定自己心仪的指导老师时，应该如何与老师取得联系呢？

本书提供的参考方法有：发邮件、发短信、打电话或直接去办公室与老师见面。发邮件或者短信是最好的方式，但需要注意邮件的格式。打电话也可以，但要事先准备好谈话的提纲，并注意打电话的礼节。

本书建议，如果是自己不太熟悉或者只有一面之缘的老师，选择发送邮件或者短信的方式更容易让老师接受。这样既可以让老师对项目有一个大概的了解，见面时可以提出更多有针对性的意见，又可以避免打扰老师正在进行的工作。有时老师在开会或上课，并不方便接电话或与学生见面，提前通过邮件方式进行预约，有利于节约双方的时间。所以，若要与老师讨论项目，本书建议提前预约。

邮件联系导师需要注意什么呢？

用邮件联系导师时，首先，要特别注意邮件的写作格式和用语。邮件格式，显示的是你个人的专业素养；用语体现的是个人的文化素养。

邮件参考格式如下：

1. 邮件标题

导师每天接收的邮件特别多，不一定记得哪封邮件是谁发的，所以标题最好能够说明邮件的主要内容，简练为佳。邮件主题可以写成"××院（系）××专业姓名——××比赛导师预约信"。这样导师一眼看过去就知道这封邮件的意图及你的姓名，使你的邮件区别于其他邮件。导师如果看过邮件，一般会敲几个字作为回应。

2. 称呼

导师都是有名有姓的，只写"尊敬的老师"而不带姓氏，导师会感觉是群发的，不回复自然在意料之中。

3. 内容

要对导师说明你所在团队成员情况、参加什么比赛，以及大致概述项目的基本情况，表达希望导师指导比赛的意愿，请求见面详谈项目情况。态度应诚恳，语句应流畅。

其实，每个导师都有自己的专业方向和指导心得，与其在信中信誓旦旦地吹捧，不如和导师虚心讨论比赛项目的情况。导师都喜欢勤学好问、善于思考、自主性强的学生。即使这位导师没有成为比赛的指导老师，但是你和导师的讨论，也能为比赛提供不小的帮助。当然，给导师留下好的印象的同时也为下次比赛做准备。

4. 落款

结尾需要写明自己的姓名、日期以及联系方式。当你发邮件给导师的时候，导师确实可以通过邮件回复。当然，如果提供电话或者其他联系方式，会使沟通更加便捷。

5. 表达理解导师

首先，一份好的邮件，应该在开头向老师问好，结尾有祝词。导师们看一封邮件可能只有几秒钟的时间，因此给导师留下礼貌得体的第一印象，才能博得好感，进一步提出自己的需求。

其次，邮件的内容很重要。联系导师的主要的目的是告诉导师团队的基本情况，以及希望导师能进一步交流最终指导比赛。要表达项目的进展和初步设想，显示出团队的能力和可塑性，给导师留下好的印象。

最后，写邮件时要注意一些细节问题。例如：字数不宜过多，因为导师没这么多的时间去阅读这么多文字；也不宜过少，这样很难完整地把你的团队情况介绍给导师。邮件的格式、导师的姓名、礼貌用语、邮件的用语要反复推敲，一定要谦虚。

切记要反复打草稿，直到能表达清楚所写的内容。建议给同学或老师看看，反复修改之后，确定没有问题，再发送邮件。发送邮件时间最好在晚上 8 点至 10 点。一般而言，晚上 8 点至 10 点导师回复的可能性比较大，当然还得看导师的个人习惯。

同学们在参加比赛的时候，应该重视导师的作用，并积极联系导师，听取意见，加以修正，才能在今后的比赛中更上一层楼。

在日常工作中，老师经常会收到来自学生的邮件或信息，以下两封邮件，请大家仔细阅读，找出差距。你认为哪一封作为学生发给老师请求指导更为合适呢？

邮件一
老师你好 我是经管学院的王同学 我已组队准备参加"三创"赛 请问什么时间方便 希望可以得到你的指导？

邮件二：
敬爱的苗老师：

您好！

我是 2016 级金融一班的张××，我和另外两个金融专业同学、一个土木专业同学和一个计算机方面的研究生组成了一个团队想要参加"三创"赛，并有了一个关于"网约车"想法的初步策划。希望老师您能成为我们的指导老师！如果您同意，我们四人在您方便的时间和您详谈。

祝您身体健康，工作愉快！

张××

2018 年 3 月 25 日

×××××××××（电话）

相信哪一封邮件更得体，大家心中已有数。首先"邮件一"中的标点符号用空格代替，日常与朋友聊天时不使用标点符号无伤大雅，但在正式的邮件中一定要加合适的标点符号；其次，"邮件一"的语气并不是询问老师是否愿意对自己进行指导，而是直接约定时间，容易给老师留下一个强势的印象；最后，"邮件一"中称呼老师为"你"而不是"您"，是一种对长辈不够尊重的表现。反观"邮件二"做到了以下几点：

（1）开头向老师问好，结尾有祝词，邮件格式标准；

（2）讲明了团队的构成并提及了项目的基本情况；

（3）态度诚恳，询问老师意见；

（4）用词得体，给老师留下礼貌的印象，体现了对老师的尊敬。

同学们以后在给老师发送邮件时，也可学习"邮件二"的方式，为老师留下良好的第一印象。

"易小儿"团队联系我的方式就是一个很好的案例。这个团队主要做中医药方面的项目。现今中医普及程度高，只说中医并不能直接引起我的注意。于是"易小儿"团队找准大家对中医陈旧刻板的印象，对项目进行充分的项目创意点思考。正是在"易小儿"团队反复推敲项目创意点的基础上，加上邮件的措辞礼貌有加，一次就牢牢地抓住我的眼球。

一封好的邮件，不仅要在用词礼貌上下功夫，更应该在内容上用心。导师阅读邮件是为了知道其中的重要信息，倘若同学们对于自身的项目都不具备足够的信心和创意，那么导师对于这个项目的作用就微乎其微了。因此，项目要有真材实料，才能吸引导师的目光。

第6章　商业计划书的撰写
——答辩之前文档先行

俗话说,"凡事预则立,不预则废"。一个好的计划是成功的一半。商业计划书作为比赛项目最基础的介绍资料,如同任何一款商品都不能缺少使用说明书一样,既是项目运行的基础,也是项目展示的直接表现。因此在项目运行和项目成果展示中发挥着重要影响作用的商业计划书。如何撰写、优化、完善、凸显亮点,就显得尤为重要了。这也是创业团队在项目正式开始之前应该思考、注意的地方。

"三创"赛是一个有着较长比赛周期的竞赛,在这个时间段,整个项目都需要不断地完善与优化,不断地在改进中实现整体的发展。商业计划书在这一过程中随之不断优化。撰写的完成并不等于一劳永逸。在校赛时团队取得了好成绩,进入了省赛。这时,团队可能会认为商业计划书已经撰写得很完善了,不需要改进,如果抱着这样的想法,项目很可能最终止步于省赛。

如果能够在已经成形的商业计划书的基础上不断思考、联系现实进行完善,经老师指导和学习他人先进经验后,发现商业计划书中存在的问题,然后积极去寻找方法进行改进,我想结果肯定会令人满意。

也许有人认为,比赛的层层选拔是十分严格甚至苛刻的,商业计划书的撰写非常困难。为何我们不换一种角度去思考这个问题呢?从校赛到省赛直至最终的国赛,这个过程不仅是一次次考验,也是一次次总结经验的机会,更是不断改进修正的机会。

我相信大部分人即使一开始只是抱着重在参与的想法又或者只是为了学校里的绩点或者保研加分等而参与比赛,但是当你真正在项目中付出了心血与时间，认真地推进自己的商业计划书，看着它一步步完善直至趋于完美时，你会觉得自己像陪伴了一个孩子成长，颇有满足感和成就感。

既然项目的商业计划书这么重要，我们应该从哪几个方面进行商业计划书的撰写与优化呢？

首先要了解什么是商业计划书，真正理解商业计划书的作用和目的，从实际写作方面学习怎样撰写商业计划书。当然，在商业计划书完成后，还要不断地优化商业计划书，这就需要从社会现实、行业概况、老师指导、答辩现场以及自我评测等方面，进行分析，最终使商业计划书更加全面。

"易小儿"团队的商业计划书的撰写过程也是如此。在学习了较为系统的商业计划书理论后，"易小儿"团队开始撰写计划书，然后不断地在解决问题的过程中完善计划书。校赛时，"易小儿"团队主要是通过看以前的策划书、网上经验以及论文后的总结等修改项目计划书，从而推动商业计划书的最终完成；省赛时，他们开始关注项目自身即商业计划书内部内容的发展，不断地丰富自己团队的项目内容，进行了 4 次优化与完善；到了国赛，他们则开始丰富细节，在接连 5 次的悉心修改之后，最终形成打动评委、夺得国赛特等奖的商业计划书。

这一份最终版的商业计划书，不仅充分体现了"易小儿"团队的用心程度，而且也具有较高的含金量，无论是在格式上还是在外在形式上，都体现了团队成员的付出和心血。

6.1 商业计划书启航

6.1.1 用定义启发计划书

商业（创业）计划书是指按照一般通用的标准文本格式撰写形成的项目规划文稿，是全面介绍公司和项目运作情况，阐述产品市场及竞争、风险等未来发展前景和融资需求的书面材料。商业计划书是创业者在创办公司前或运行中，针对企业筹资、融资、企业战略规划与执行等一切经营活动的蓝图与指南，也是企业的行动纲领和执行方案。

其目的在于为潜在投资者提供一份创业的项目介绍，展现该创业动机的潜力和价值，并说服投资者进行投资。

商业计划书的基本内容一般包括项目简介、产品和服务、开发市场、竞争情况分析、团队成员、收入、财务计划。

在具体的撰写过程中，可以从以下几个方面展开：执行总结；背景与概述；市场调查分析；公司战略；总体进度安排；风险、问题和假定；管理团队；经济状况；财务预测；假定利益。

在"三创"赛这类创新创业比赛中，商业计划书是每个团队都必须提交的一项比赛评选材料。甚至有些比赛的选拔只依靠商业计划书这类书面材料，比如"创青春"全国大学生创业大赛等。通过商业计划书，评委老师可以了解团队的商业构思、项目规划、项目亮点、团队对于行业的了解，分析团队的运行状况、融资计划、未来走向等具体情况。商业计划书是一个团队项目的关键组成部分。

6.1.2　用特点推动计划书

商业计划书是项目打动评委老师的敲门砖，也是交流过程中所必备的一个展示材料，团队可以更直观地把想要表达、呈现的东西通过商业计划书展示出来。在创新创业类比赛中，评委老师可能每天要评阅上百份商业计划书，每一本计划书都有五六十页，评委老师不可能一字一句地去仔细看。

那么要如何让你的商业计划书抓住评委老师的心呢？

从评委老师的角度而言，一份商业计划书的侧重点是这个项目的基本情况和亮点。因而商业计划书就要简洁明了地展示项目的核心内容，从而使评委老师在短时间内就能了解项目的大体内容，对项目做出初步判断。

Word 格式的详阅型商业计划书是指我们一般理解的展现企业或项目运营全部情况的书面资料。这种类型的商业计划书，在撰写时尤其要注意以下三个方面：格式与内容完整，充分进行市场调研，站在投资者的角度。

（1）格式与内容完整。无论是商业计划书所应该包含的格式，还是所涉及的内容，都需要面面俱到，尽可能多地展示项目的信息，只有这样才能吸引评委老师的目光。例如，商业计划书的基本内容中有公司战略这一环节，在这一环节除了要说明公司在营销时所使用的基本战略之外，还应该全面地说明营销计划、规划和开发计划。营销计划具体包括定价和分销、广告和提升，规划和开发计划应该包括开发状态和目标、困难和风险；制造和操作计划应包括操作周期、设备和改进。只有这样才能保证商业计划书的全面和完整。

（2）充分进行市场调研。要把一个创意或者投资项目付诸实践，并不仅仅是说说就可以做到的，在做之前要还充分进行市场调研。主要应围绕产品或服务的性质、该领域的目前状况、市场前景及竞争对手情况进行分析。只有在商业计划书里充分展现自己对市场的分析和思考，才能证实自己和团队的分析态度、能力，才能让评委老师相信你们拥有做好、做成这项创业项目的能力，才能充分展示项目的闪光点。

（3）站在投资者的角度。在写作的过程中，应始终站在投资者的角度去分析问题，分析这些投资者想知道什么、想看到什么，并且做出解答，确保投资者想问的问题都能在商业计划书中找到明确的答案。例如：能得到多少回报、投资这个项目可能遇到的风险、计划的可行性、所能占据的市场、企业如何争取到潜在的客户、投资者应该何时撤出投资等。只有想他们所想，答他们所答，才是一份真正合格的商业计划书。

以"易小儿"团队的商业计划书为例进行分析。首先，"易小儿"团队的商业计划书内容较为全面，基本包含了一个企业发展的全部要素。其次，商业计划书里有大量关于市场分析的部分，例如，第一章执行摘要里的项目市场分析、第三章的市场分析等，这说明"易小儿"团队是在做了充分的市场调查之后才撰写了计划书。最后，从产品介绍、市场分析到企业战略、投资、风险评估等内容的说明，都是投资者在一份商业计划书里想要了解的内容，也是影响一个企业决策和未来发展的重要组成部分。因此，这样完整的商业计划书不仅能给评委老师一个全面的整体印象，也有利于团队之后的决策与发展。

6.2　商业计划书的目的

为了"易小儿"团队在撰写商业计划书时少走弯路，我在他们开始撰写商业计划书之前开会，说明撰写商业计划书的注意事项。

"你们马上就要开始撰写商业计划书了，就要真正开始你们的项目了。商业计划书是项目运行的基础，你们是怎么理解商业计划书这个概念的呢？今天我想听听你们的想法。"

"我觉得商业计划书，顾名思义，就是我们团队进行这个项目的计划，应该就是指导我们具体工作的纲领类的东西。"被分工到撰写商业计划书的小波率先回答。

"好像是这样，但是我总觉得你说得少了点什么。"园园皱了皱眉，思考着说道。

"小波说的有一定的道理，但是我好像记得，商业计划书是要给投资者和评委老师看的，所以它不仅仅是给我们做指导，还应该有亮点和吸引力。"队长晨洋想了想之后接着补充道，"所以我们的计划书也要注意有创新。"

"很好，大家说得都很对，也看得出你们在思考。当然，我还要重点表扬晨洋，因为只有晨洋注意到了这个很重要的问题，这也是今天我想向你们强调的问题，即商业计划书的目的。商业计划书并不是做给自己看的，更多的是为了给投资者看的；到你们身上，就是给评委老师看的，因此这就要和仅仅给自己看的计划区分。"

"以往有团队忽视这个问题，没有真正弄清楚商业计划书，就提交一个琐碎混乱的计划书上去，这是不对的。这一类团队往往不能走到最后，评委老师给出的评价也不高，所以你们在撰写商业计划书之前就要清楚地认识这个问题，要真正了解商业计划书的目的，只有这样才能越走越远。加油，我相信你们可以做到。"

"是的老师，您提出的这一点对我们撰写商业计划书十分重要，我想，在您说出这个问题之前，除了队长因为知识面广，对这个问题有一定的了解外，我们团队其他人，对这个概念还不是特别清晰，谢谢您。"小戴在听完我的讲解之后，认真地说道。

商业计划书是一份全方位的项目计划，其主要目的是企业递交给投资者，以便于投资商能对企业或项目做出评判，从而决定是否对该企业进行投资。简单地说，商业计划书的目的是让投资者对企业或项目进行投资。但是在创新创业比赛中，商业计划书的阅读对象是评委老师，其主要目的也就不再是融资了，而是完整地展示项目的商业逻辑，从而达到吸引评委老师、获得评委老师的认同的效果。

总而言之，商业计划书的重要性不容小觑，如何让投资者对企业的融资项目感兴趣是企业需要考虑的事情，如何让评委老师对团队的参赛项目感兴趣则是参赛团队需要考虑的事情。

团队在经过详细的市场调查之后，对于项目的定位、市场分析、融资需求、运作计划、风险分析等都梳理清楚，然后再以简单易懂的方式呈献给投资者或者评委老师。而制作一份高质量的商业计划书是在切实调查的基础上进行的，所以说商业计划书不仅对融资具有重要作用，也对企业的发展具有战略指导意义。

只有真正弄明白商业计划书是为了什么目的，在撰写商业计划书的时候才能有一个正确的理念，才能真正地制作出一份合格的商业计划书，才能让这个商业计划书发挥它应有的作用。

一份好的商业计划书固然不容易撰写，但是在完成之后，它所发挥的作用却十分重大。从参赛者的角度来说，一份好的商业计划书，会发挥什么作用呢？

6.2.1　对于团队

撰写商业计划书的过程也是团队对自身的项目和定位进行梳理的过程。通过撰写商业计划书，项目组成员会更加了解自己项目的具体情况和发展方向。

以"易小儿"团队的成员为例，他们需要对市场需求进行剖析，在充分了解母婴养生市场后，提出自己的团队在创业过程中是如何满足这种需求的，同时还要思考一些其他问题。在与他们的交流中，我也了解到了他们的思路。

"同学们，你们在撰写商业计划书时思考了哪些问题，觉得应该从哪些方面落笔呢？"

"我们分析了市场需求，这是基础。除此之外，还分析了市场上有哪些竞争对手，我们与他们相比优势在哪里，如何凸显我们的优势，我们如何把这个优势一直保留下去，与别人不一样的点在哪里，这个优势为我们带来的利益或者说回报有多少等。"队长晨洋想了想团队的情况说道。

"那你们觉得，你们在撰写商业计划书时，也就是说在思考这些问题之后，有什么收获呢？"我又继续引导他们。

"我觉得，梳理这些问题的过程，也是避免空有一腔热血却缺乏深入思考的过程。把这些思考落实到纸面上，也是使我们团队重新对自己的运作构思可行性进行思考的过程。在这一过程中，我们可以改正不切实际的想法，避免假大空，降低试错的成本。还能加深团队对一些问题的认识，比如市场竞争、解决方案等。这些都是十分重要的。"主要负责商业计划书撰写的园园回答道。

6.2.2 对于比赛

商业计划书既是找到投资人的求职书，也是打开评委老师们内心的钥匙。因而写出来的内容既要面面俱到，也要详略得当，能让投资人或者评委老师直接知道你讲的是什么。当然，打动投资人或者评委老师，并不是仅仅依靠一个商业计划书就能完成的，但是它能帮团队打开这个大门。在企业的发展中，商业计划书是很早完成了的，其实并不能对销售或是企业利润起到直接的作用。但它能帮你建立公司，让公司顺利运转，减少失败的可能。对于比赛也是如此，它可能并不能直接发挥作用，但却是所有工作的基石。

6.3 商业计划书前行

商业计划书究竟应该怎样写呢？这是许多在比赛初期，对于创业还不是十分了解的参赛同学十分关注和疑惑的问题。为了解决这个问题，我以"易小儿"团队的商业计划书的撰写过程以及具体内容为例，来说明商业计划书的具体写作技巧。

6.3.1 项目内容一览表——引路石

评委老师最先看的内容当然是目录部分，对团队项目的内容梗概进行初步了解和判断，在这个过程中找到有疑问或感兴趣的点再去详细地进行对应内容翻阅。但面对众多的商业计划书，评委前几次可能会认真地看目录找亮点，但多次翻开第一页时仍然是密密麻麻的文字加数字时，便会产生疲劳感。"易小儿"团队别出心裁地加了一个目录一览表，能让老师觉得眼前一亮。

但是"易小儿"团队在这一点上，一开始做得并不够好，他们最初的商业计划书过于琐碎，过多细节的平铺直叙只会让评委老师感到乏味和昏昏欲睡，于是我及时找到他们，告诉他们这个问题。

"同学们，我已经阅读了你们的商业计划书，总体上是完整的，所有应该涉及的内容也都包含了，这是你们做得比较好的地方。但是依然有不足，还需要改进，你们自己有什么发现吗？"

听了我的话之后，这些队员陷入了沉思，然后讨论了起来，不一会儿，队长晨洋发言道："我们刚刚讨论了一下，大家觉得商业计划书的开头缺少亮点，总体太平淡了，不能吸引人，评委老师不一定有兴趣接着翻开阅读下文。"

我听了他的回答之后，露出了微笑："很好，你们已经发现了自己的不足，这样修改时也有了方向。在写商业计划书之前，你们要充分理解商业计划书的写作目的，就是激发投资人继续了解这个项目的兴趣。对于比赛来说，就是要吸引评委老师的目光，而不是把自己的项目讲清楚。如何在一个短暂的时间内，利用商业计划书，将项目的基本情况、特色、亮点展示清楚，才是商业计划书的真正目的。商业计划书应该服务于这个目的，才能提高你们的成功率。商业计划书不必写得很学术，但不代表不需要有效的分析。要有创意，但条理与结构也要非常清晰。如何在保持条理分明的基础上让它读起来不乏味，是你们下一步要思考和注意的地方，大家继续加油。"

项目内容一览表主要是以表格的形式，把项目最精华的内容呈现在第一页，包括项目的简介以及项目有亮点、有特色的部分。项目内容一览表内容简洁，重点突出，既能让评委们对项目有一个大致的印象和了解，又能起到缓解评委疲劳的作用。

在这一部分，文字的篇幅不能太长，不能有冗长的文字介绍，同时要避免使用过多的专业词汇，尽量用形象直观的方式去阐述事情。

当然逻辑要清晰有条理，要开门见山地直接切入主题。

"易小儿"团队商业计划书项目一览表如图 6.1 所示。

项目名称	易小儿母婴健康生活馆
项目概括	（一句话介绍你的项目，用几秒钟时间吸引评委兴趣）
项目简介	（用几段话提炼项目介绍、特色、创新点等，类似论文摘要）

图 6.1　项目一览表

6.3.2　商业计划书的摘要——方向盘

商业计划书的摘要位于正文内容的第一页，作为整本商业计划书里的"门面"，是评委老师在翻阅过程中第一个会注意的地方，影响着评委老师对这份计划书的第一印象。

商业计划书摘要的目的是让评委老师对项目产生兴趣并渴望得到更多的信息而继续详细阅读。摘要是整个商业计划书的精华部分，简要地反映了商业计划的全貌。由于摘要的目的是让投资人或评委老师很直观地了解项目。因此，与项目内容一览表一样，也要注意避免出现一些专业术语。使用生动形象的语言来撰写摘要，有助于清楚明了地展示项目的核心内容，使投资人或评委老师在短时间内就能理解项目大体内容，对项目做出初步判断。

商业计划书摘要主要包括公司介绍、主要产品和业务范围、市场概貌、营销策略、销售计划、生产/经营计划、财务计划、资金需求状况等。其内容涵盖了整个商业计划书的内容，即商业计划书的各个部分都在摘要中用最简洁而具有吸引力的语句阐述出来。商业计划书摘要如图 6.2 所示。

目　　录

一、执行摘要 1
　1.1 "易小儿"项目简介 1
　1.2 项目背景 1
　1.3 需求分析 2
　1.4 痛点描述 2
　1.5 项目目标顾客 2
　1.6 项目核心产品及服务 2
　1.7 项目创新点 3
　1.8 项目市场分析 4
　1.9 团队介绍 5
　1.10 项目理念 6

图 6.2　商业计划书摘要

从"易小儿"团队商业计划书摘要目录来看，其商业计划书摘要的覆盖面十分广泛，基本上包含了所有的商业计划书内容。同时也十分具有条理性，从简介到需求、市场等内容的分析，再到对自身团队的介绍，具有逻辑性，层层深入。

在商业计划书的摘要撰写中，有几点需要注意。

（1）项目摘要要做到精练，可以用一句话概括，指引后文的每一章节。摘要全部内容尽量控制在一页纸以内（1 500 字左右）。

（2）建议在商业计划书的其他内容都撰写完成之后，再撰写摘要。

（3）摘要一定要具有针对性和完整的逻辑，即不能将商业计划书中的方方面面都空泛地概述一遍，逻辑上必须阐述清楚以下问题：

① 这个项目要做什么？（产品、服务、商业模式）

② 项目致力于解决什么问题？（市场、用户的痛点，解决方案，为什么是现在解决）

③ 项目为什么可以打败竞争者？（核心竞争力、政策扶持、市场趋势）

④ 项目如何盈利？（市场容量及需求、盈利模式、利润增长值、附加值、成本分析）

⑤ 为什么是你们来做这个项目？（团队成员、资源优势）

6.3.3 公司概述——介绍信

公司概述是对团队公司及企业的介绍。这种介绍既不能用一句话带过，也不能长篇大论，而是应该简明扼要地介绍公司，让评委老师初步了解公司的基本情况。在介绍公司时，首先，需要说明创办时的思路形成过程以及公司的目标和发展战略，在一般创业类型的比赛中，项目的创新性也是评比的一项内容。其次，要说明公司的现状、企业的经营范围等。

一般而言，公司概述主要包含以下内容：

（1）公司概况：注册时间、注册资本、公司性质、技术力量、人员架构、规模等；

（2）公司主要产品：性能、特色、创新；

（3）公司发展状况：公司的发展速度、有何成绩、有何荣誉称号等；

（4）公司文化：公司的目标、理念、宗旨、使命、愿景、寄语等。

"易小儿"团队的参赛同学在写公司概述时就非常苦恼，队长晨洋当时直接向我说明了他们的疑虑："老师，我们现在正在写公司概述，但是我们现在并没有注册实体公司，这公司概述没有办法写啊？我们应该怎么办呢？"

对于这种情况，我给他们提出了一些指导和建议：

"同学们，你们在撰写公司概述时需要注意两点。第一，参加创业比赛的商业计划书和真实商业计划书还有非常大的差距，既然是计划书，在公司概述部分可以有一些合理的假设，基本的公司规模、人员架构等内容可以根据团队的真实情况进行合理构建，但是在正文部分一定要说明公司处于构建待注册中。第二，不要一味地虚构。可以假设但要强调'合理性'。有的同学会有些不切实际的臆想，把自己假设的公司说得天花乱坠，例如，注册资本上百万，拥有多项高科技技术，有很多员工，公司致力于成为行业的开创者、领军者……这些假大空的数据和语言虚构，评委老师一眼就看穿了，而且会让评委老师非常反感。所以在撰写商业计划书时一定要真实合理。"

"我懂了老师,虽然我们还没有成立公司,但是可以在这里说说为了成立公司我们都做了什么。"园园接着我的话说道。

"是啊,我们设计出的公司logo、团队服装,都可以体现出公司的企业文化以及团结精神。我们每次答辩时也都穿着我们的团队服装,这就是我们的'战袍'。"队长晨洋总结道。

"没错,公司文化的呈现,对于团队展示而言也是一个加分项。"

在听了我的建议之后,这些队员逐渐明白公司概述应该怎么写,并且最终交上了一份令人满意的答卷。"易小儿"团队设计的公司logo如图6.3所示。

图6.3　项目logo设计

6.3.4　公司的产品或服务——重头戏

商业计划书的核心就在于是否拥有一项创新性的产品或服务,以及它最终能够为客户和企业双方产生多少价值。创业者必须为自己的产品或服务进行详细的介绍,主要包括以下内容:

(1) 产品或服务的名称、特征及性能用途;

(2) 产品或服务的运用或操作流程;

(3) 产品实物图展示或平台显示界面展示。

但如果项目的产品和服务种类、数量较多,内容较为复杂,可能会给评委老师造成阅读混乱。"易小儿"团队在撰写商业计划书时也面临这样的问题,在校赛时还被评委老师点出"产品内容没有重点"。

"老师,我觉得我们可以借用'脑图'的创意,也做一个类似的引导图,将我们的产品和服务梳理出来,让阅读者一目了然。"园园仔细思考了这个问题后提议道。

的确,如果在正文介绍前设计一个框架结构图,就能够有效地解决这个问题，让评委老师能够迅速了解团队的产品与服务。"易小儿"团队产品和服务框架如图 6.4 所示。

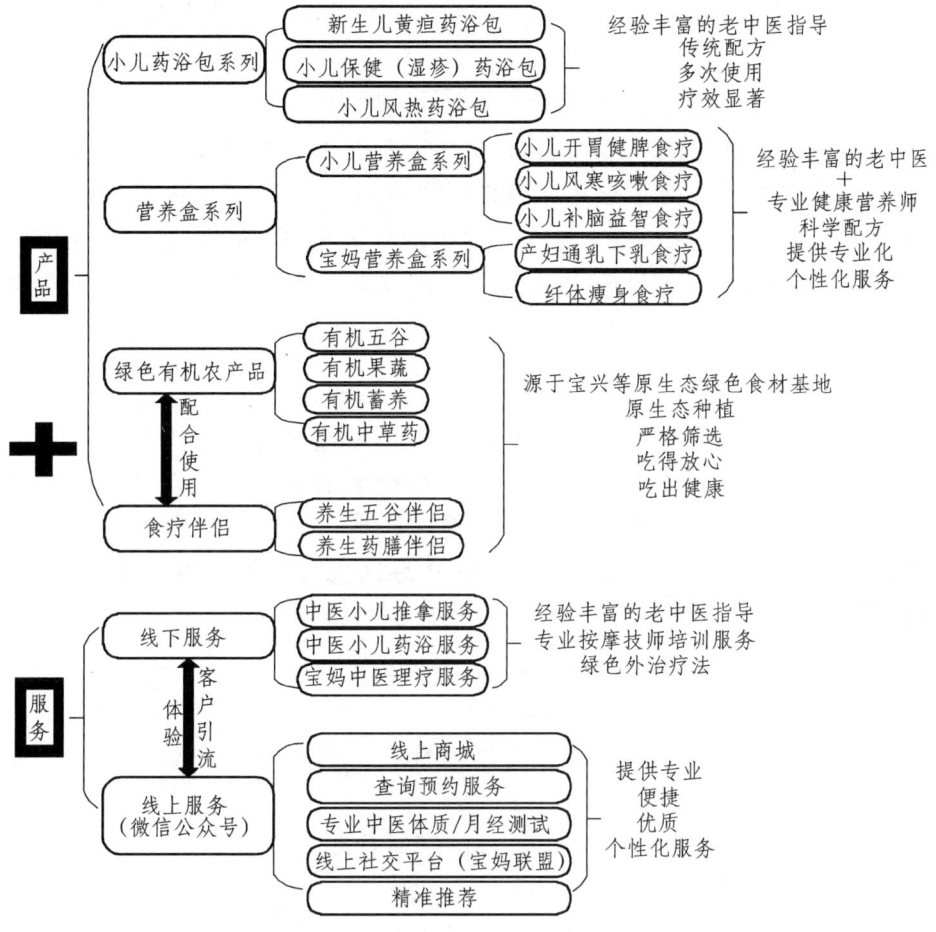

图 6.4 产品和服务框架

首先用图的形式来总结产品与服务，十分直观地将这个项目的核心展现出来，让评委老师形成对于产品服务的总体印象，大致了解具体内容。同时从图 6.4 也可以看出，这部分内容十分丰富。其内容包括：产品与服务涉及的外部形式、具体内容、项目特色，以及可能会造成的后果，这个框架里均有所体现，而这也体现了易小儿团队分析得全面性。

在此，提醒想要参赛的同学，首先，产品或服务是项目的核心内容，该部分的描述一定尽可能详尽；其次，语言要通俗易懂，少使用专有名词，将产品是什么、怎么帮客户解决问题这两个问题阐述清楚。

6.3.5 产品研发与市场分析——闪光点

商业计划书中的市场分析部分，形式及方式都比较固定，比赛中同学在撰写该部分时根据市场营销学的相关知识和分析模型按固定步骤进行分析即可。在市场分析时，常用的分析模型：STP、PEST、SWOT和波特五力模型。在分析中可以用表格或者图表的形式将结果或者数据列出来，这样比较清晰明了。

1. STP 分析

S（segmentation）是指市场细分，T（targeting）是指目标市场选择，P（positioning）是指市场定位。在市场细分里，可以区分不同的消费群体进行定位分析；在目标市场选择里，可以通过对特定产品的顾客、市场、竞争的分析进行对目标市场的选择分析；在市场定位里，可以从产品特色、服务的角度等对市场进行定位分析。

以下是"易小儿"团队项目的 STP 分析。

（1）S（segmentation，市场细分）。

定位潜在的消费者群体，依据消费者的购买行为和购买习惯，可大致分为以下几种：

① "80后""90后"观念先进的新时代年轻父母；

② 对中医保健有兴趣的年轻父母；

③ 不懂怀孕护理、幼儿保健但有保健意识的年轻父母；

④ 传统父母。

（2）T（targeting，目标市场选择）。

通过顾客价值分析、竞争强势分析、细分市场吸引力分析等，对目标市场进行分析。

① 顾客价值分析；

② 竞争强势分析；

③ 细分市场吸引力分析。

（3）P（positioning，市场定位）。

① 吸引竞争者顾客，"易小儿"以提供专业化、便捷化、个性化产品与服务的特点建立与竞争对手的差异，抢占市场份额，吸引目标客户。

② 通过专业化、个性化、便捷化的产品及服务吸引顾客，满足顾客的需求；通过年轻而又匠心传承的经营理念和营销方式，吸引更多的人扩大客户群体，通过不断改良推出新的产品，增加用户黏性。

③ 为更多类型的妈妈制定更多不同类型的产品或服务，增加产品类型并拓宽消费市场。

最终将目标市场定位：

① "80后""90后"观念先进的新时代年轻父母；

② 对中医保健有兴趣的年轻父母；

③ 不懂怀孕护理、幼儿保健但有保健意识的年轻父母。

2. PEST分析

PEST分析是指宏观环境分析。宏观环境又称一般环境，是指一切影响行业和企业的宏观因素。在对宏观环境因素进行分析时，不同行业和企业因为自身特点和经营需要，分析的具体内容会有差异，但一般都应对政治（political）、经济（economic）、社会（social）和技术（technological）这四类影响企业的主要外部环境因素进行分析。

（1）政治（political）。

政治环境包括一个国家的社会制度，执政党的性质，政府的方针、政策、法令等。不同的国家有不同的社会性质，不同的社会制度对组织活动有不同的限制和要求。重要的政治变量有执政党性质、政治体制、经济体制、政府的管制、税法的改变、各种政治行动委员会、专利法的修改、环境保护法、产业政策、投资政策、国防开支水平、政府补贴水平等。

（2）经济（economic）。

经济环境主要包括宏观和微观两个方面。宏观经济环境主要指一个国家的人口数量及其增长趋势，国民收入、国民生产总值及其变化情况以及通过这些指标能够反映的国民经济发展水平和发展速度。微观经济环境主要指企业所在地区或所服务地区的消费者收入水平、消费偏好、储蓄情况、就业程度等因素。这些因素直接决定了企业目前及未来的市场大小。

（3）社会（social）。

社会文化环境包括一个国家或地区的居民教育程度和文化水平、宗教信仰、风俗习惯、审美观念、价值观念等。文化水平会影响居民的需求层次；宗教信仰和风俗习惯会禁止或抵制某些活动的进行；价值观念会影响居民对组织目标、组织活动以及组织存在本身的认可程度；审美观念则会影响人们对组织活动内容、活动方式以及活动成果的态度。

（4）技术（technological）。

技术环境除了要了解与企业所处领域的活动直接相关的技术手段的发展变化，还应及时了解国家对科技开发的投资和支持重点；该领域技术发展动态和研究开发费用总额；技术转移和技术商品化速度；专利及其保护情况，等等。

3. SWOT 分析

SWOT 指企业优势（strengths）、劣势（weakness）、机会（opportunity）和威胁（threats）。因此，SWOT 分析实际上是对企业内外部条件进行综合和概括，进而分析组织的优劣势、面临的机会和威胁的一种方法。

进行 SWOT 分析时，必须对公司的优势与劣势有客观的认识，同时要区分公司的现状与前景，还要与竞争对手进行比较，最后还要在全面考虑的同时保持 SWOT 分析法的简洁化，避免复杂化与过度分析。一旦使用 SWOT 分析法决定了关键问题，也就确定了市场营销的目标。SWOT 分析可与 PEST 等分析模型一起使用。

4. 波特五力模型

五力分别是供应商议价能力、购买者议价能力、新进入者威胁、替代品的威胁、行业竞争者的竞争。波特五力模型将大量不同的因素汇集在一个简单的模型中，以此分析一个行业的基本竞争态势。五力模型确定了竞争的五种主要来源。

（1）供应商议价能力（suppliers bargaining power）。

供方主要通过其提高投入要素价格与降低单位价值质量的能力，来影响行业中现有企业的盈利能力与产品竞争力。

（2）购买者议价能力（buyer bargaining power）。

购买者主要通过其压价与要求提供较高的产品或服务质量的能力，来影响行业中现有企业的盈利能力。

（3）新进入者威胁（potential new entrants）。

新进入者在给行业带来新生产能力、新资源的同时，希望在已被现有企业瓜分完毕的市场中赢得一席之地，这就有可能会与现有企业发生原材料与市场份额的竞争，最终导致行业中现有企业盈利水平降低，严重的话还有可能危及这些企业的生存。新进入者威胁的严重程度取决于两方面，即进入新领域的障碍大小与预期现有企业对于进入者的反应。

（4）替代品的威胁（threat of substitute product）。

两个处于不同行业中的企业，可能会由于所生产的产品可以替代，从而相互竞争，这种源自替代品的竞争会以各种形式影响行业中现有企业的竞争战略。

（5）行业竞争者的竞争（the rivalry among competing sellers）。

大部分行业中的企业，相互之间的利益都是紧密联系在一起的，作为企业整体战略一部分的各企业竞争战略，其目标都在于使企业获得相对于竞争对手的优势，所以，在实施中必然会产生冲突与对抗现象，这些冲突与对抗就构成了现有企业之间的竞争。

在分析中，可以用表格或者图的形式将结果或者数据列出来，可以比较清晰明了地将数据转化为直观、形象的可视化图像、图形。而用图表表达各种数据信息，能让评委老师更清晰地理解选手所要展示的内容。

经过以上方式的市场分析后，再做产品的研发。这里的产品主要有实物产品和网络平台产品（微信公众号、APP、网站等）。这一部分应该将产品或平台的主要技术方案展示清楚。

"易小儿"团队作为一个以母婴中医养生为主体的创业团队，其项目的开发涉及实物产品和网络平台产品，这些产品的开发共同促进了

"易小儿"团队的发展。那么在此基础上，总结来说，产品介绍的内容主要如下：

（1）研发资金的投入（已投入、计划投入）；

（2）科研方案、计划方案、规划方案、设计方案、生产方案、管理方案、技术措施、技术路线、技术改革方案等；

（3）产品或平台所用技术特点、先进性及未来发展趋势。

最后应该注意，如果有专利、设计、软件著作权等技术证明材料，应该在该部分突出展示和说明。

在商业计划书里，产品的内容、种类、形式是复杂多样的，因此在撰写这部分内容时可以使用表格进行说明，尤其应该将不同类型的产品区别展示。

实物产品部分可以使用框架图展示，而网络平台，如公众号、APP、网站等可以直接使用手机屏幕图或者网页图进行展示，这样有助于使商业计划书在条例清晰、有理有据的同时更显生动，以吸引评委老师的眼球。

"易小儿"团队直接使用了手机屏幕图的形式，不仅将产品完整地表现出来，使产品展示更加直观，而且也使商业计划书充满形象性、趣味性。

6.3.6 管理团队——垫脚石

从某种意义上来说，创业者能否创业成功，最终取决于企业是否拥有一个合理的管理团队，所以我们需要在商业计划书中对项目的管理团队进行介绍。其内容主要包括以下几项。

1. 团队构成

团队构成主要阐述各成员与管理公司有关的教育和工作背景、团队成员的分工和互补，主要介绍团队人数、人员年龄架构、人员学历架构、擅长领域和持股情况。

2. 重点成员介绍

根据团队成员的实际情况，可写可不写。如果写的话就重点写，让大家耳目一新，如有成员获得专利，此专利对创业计划有非常大的帮助，以此吸引投资者的眼球。

3. 分享团队故事

分享团队的小故事，尤其是能够体现出团队凝聚力、团队氛围的小故事。一方面，能凸显团队精神、展示队员风采；另一方面，也有助于增强商业计划书的趣味性，同时加深评委老师对商业计划书的印象。

以"易小儿"团队为例，其团队包括专家顾问团队以及项目团队。专家顾问团队主要包括加盟专家顾问以及技术专家顾问。加盟专家顾问有利于指导"易小儿"团队构建完善、标准化的加盟体系，吸引更多加盟商加入"易小儿"项目，从而更好地推广"易小儿"品牌。

而他们的项目团队，则和大多数大学生创业项目团队一样，由5名在校本科生组成。这5名同学各有所长，同时分工明晰，他们的合作才能促使效率提升和服务水平优化。他们所负责的内容与他们的特长是一一对应的，这也是一个优秀的团队所应该具备的素质。

总的来说，在创业比赛中，项目的管理团队成员都是参赛同学，绝大多数同学都没有创业实践经验。许多同学不知道这里的管理人员能力情况要怎么写，这里最好通过同学们的专业背景来展现，如××（同学）学习财务管理专业，拥有良好的财务分析能力，主要负责项目的财务工作。如果团队里没有具备财务知识的同学，就会让人对你们的财务分析产生担忧与怀疑。参赛同学有获得相关的比赛或能力证书，都可以很好地表现项目管理人员的能力水平。

6.3.7 财务预测和融资需求——试金石

财务分析一般用来判断公司未来经营的财务损益状况，进而判断投资人是否能够获得预期的投资回报，对资金的来源及运用进行规划。财务预测是对收入、成本及现金流量进行预测，对投资价值进行衡量。投资评估时，可以运用静态回收期法、净现值法、内部收益率法等。财务分析包括未来三年发展的财务预测数据、投资计划和融资计划。

财务预测是企业成功发展的关键，为预算控制提供短期基础，能够帮助创业者维持良好的现金流；可以让潜在的投资者明白创业者计划怎样合理配置资金，维持适当的流动性，保证债务的偿付，获得良好的投资回报。一般来说，为了满足外部投资者的要求，企业至少要对未来三年的财务数据做出预测。商业计划书对于创业公司的财务状况一般要进行三年预测，第一年要精确到月份，第二年及第三年要精确到季度。无论预测如何准确，都不可能与现实完全相符，因此，财务预测有一定的弹性。

对于融资计划来说，首先需要确定资金需求。不同的风险企业对资金的需求有所不同，因此，要结合自身的情况来确定融资需求。其次需要选择合适的融资工具。可供选择的融资工具有债券、普通股、复合式证券等。同时，融资计划还应该包括企业拟融资方式，如采用借贷，发行证券、股票；风险投资者投资后，双方对公司所有权的比例安排；具体说明所需资金的数量和时间，如果融资计划是分阶段进行的，应该把每一阶段对应的资金需求列出，对于资金到位的日期也应该清楚表示出来等。

图 6.5 是"易小儿"团队的财务分析体系，从这个体系可以看出，"易小儿"团队有一个较为完整的财务预测的模式。

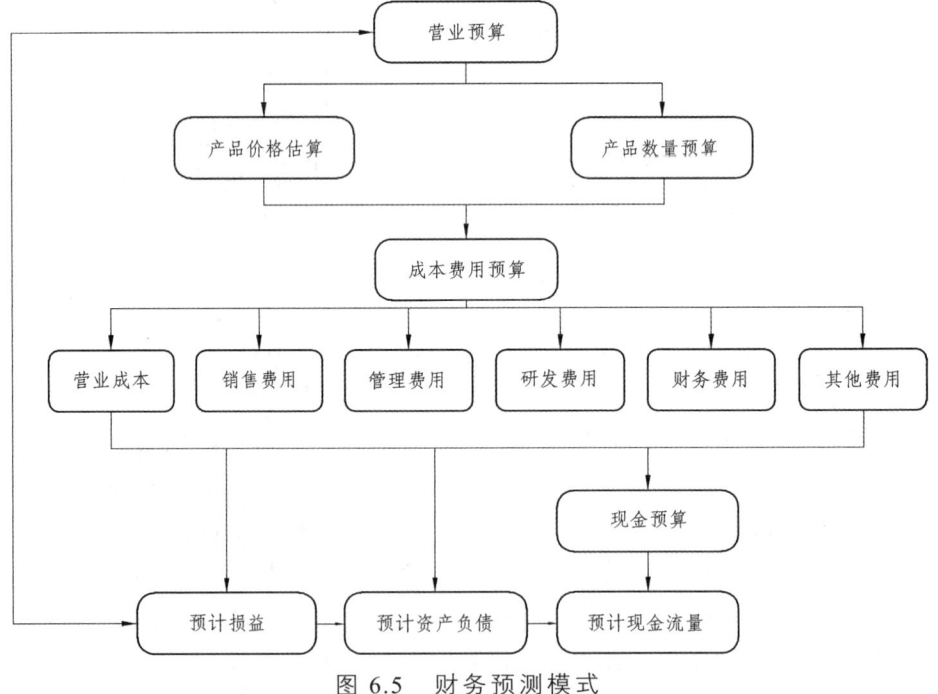

图 6.5　财务预测模式

"易小儿"团队希望从该部分来判断团队未来经营的财务状况，进而判断能否确保自己的投资获得预期的回报。相对来讲，财务分析是整个商业计划书中比较专业的部分，对写作者有较高的要求。在商业计划书的写作过程中，财务分析是一个需要花费相当多时间和精力来写作的部分。如果作者缺乏财务方面的知识，就需要请教一些专业人士。

因此在缺乏专业知识的背景下，"易小儿"团队的队员们在做这部分分析时也咨询了我。

"老师，我们对于财务分析还不是特别了解，您能再给我们讲讲吗？"队长晨洋向我求助。

"好的。那么我就说几个你们需要注意的地方，预测的财务数据一定要合理，从现金收支方面构建你们的财务模型，解释清楚在企业取得收益之前，需要多少资金来保持现有的运营模式。其中需要着重注意以下几个财务数据：销货成本、毛利率以及运营开支。"

第一，销货成本。对于产品型公司来说，你从哪儿得到原材料？材料将如何运送？存货放在哪儿？对于服务型公司就是，你花费多少钱聘请员工？你的人员配置计划是否与企业的发展规模一致？

第二，毛利率。毛利润是除去各项支出后剩余的钱，可用于支付所有其他费用。所以需要确定毛利率是否会随着时间的推移而增长。毛利率增长，可以表明你有能力经营和扩张企业。

第三，运营开支。这部分内容需要向投资人展示你知道如何扩张企业，以及扩张需要什么。

投资人通过数据来看你表达的这部分内容，他们对这方面的数据很精通，所以必须确保你告诉他们的数据与你在财务报告中所提到的数据相对应。一般来说，财务分析是商业计划书中不确定性程度最高的部分，不确定的根源在于财务预测。为了使财务报表更具吸引力，创业者倾向于往好处想，夸大企业的盈利情况、现金流，尽量美化各项反映企业经营业绩的财务指标。这样易造成企业的财务计划严重脱离实际经营的需要，后果不堪设想。

所以出于日后稳健经营的考虑，商业计划书的财务分析要尽量挤掉水分，从源头上避免出现缺陷。

6.3.8　风险分析——安全带

这份完整的商业计划书来之不易。在"易小儿"团队完成商业计划书的初稿后，我并不太满意。主要原因是他们对于项目之后面临的风险规划存在不足，当然这也是许多热血的年轻人在创业初期可能会存在的问题——充满自信，往往忽略对于风险的思考。为了引起他们的重视，我把这些队员叫到了一起，和他们探讨这个问题。

"同学们，我看了你们的商业计划书，我觉得大致的框架已经完成了，也看得出你们十分用心，但是在风险评估方面还存在一些问题。绝对的零风险是不存在的，因此你们必须要重视可能存在的一切问题，切忌抱有侥幸心理。"

几名队员认真地点了点头，随后他们又重新进行了风险评估，认真地查阅其他类似企业的案例，然后不断地完善分析，在全部的内容完成之后又继续修改，改了 6 次之后，才最终形成了这份完善的商业计划书。

风险分析部分需要结合项目本身情况，详细说明项目实施过程中可能遇到的风险，并提出有效的风险控制和防范手段。

1. 技术风险

技术风险可以定义为开发某项新设计所包含的风险，开发这项设计的目的是在原有基础上提高其性能水平，但也可能因为受到某些新的约束条件的作用而使性能水平原封未动，甚至反而有所下降。技术风险的性质和原因因系统的设计不同而有所不同。许多技术风险往往是对新系统和新设备提出前所未有的性能要求造成的。

2. 计划风险

计划风险包括获取和使用一些可能不受软件项目控制但又可能影响软件项目方向的可用资源和活动。计划风险一般不会与改善技术水平有直接关系。计划风险可按因素的性质和来源分类，这些因素有可能中断软件项目实施计划。造成软件中断的因素主要以下几种：① 与软件项目直接有关的高层权力机构决策；② 一些影响软件项目的事件或行动；③ 一些不能预见的与生产有关的问题；④ 能力不足。

3. 保障性风险

保障性风险是与系统的部署和维修有关的风险，这些系统指目前正在研制或正在部署的系统。保障性风险包含技术和计划两个方面的风险。构成综合后勤保障要素潜在的 10 种风险源要素：① 维修规划；② 人力和人员；③ 保障设备；④ 技术资料；⑤ 训练；⑥ 训练保障；⑦ 计算机资料保障；⑧ 设施；⑨ 包装、装卸、存储和运输；⑩ 设计接口。

4. 费用和进度风险

一些性能和设计技术问题有时要靠增加费用和延长进度来解决，这往往会使问题变得复杂化。费用和进度增长指预计软件项目费用、进度与实际费用和时间之间的差异。因此，费用和进度增长会造成两个主要的费用、进度风险区：预计时定下不合理的低费用、进度目标所造成的风险；要想满足合理的费用、进度目标，软件项目就必须给定一个谨慎的风险。

6.3.9 风险投资的退出方式——保险箱

"老师，我们知道风险投资家对风险资本的退出方式是非常关心的，那么商业计划书的这一章是专门写给风险投资家看的吗？"小波在撰写这一章时，遇到了疑惑，于是特意打电话向我询问。

"事实上并不能这么说，风险资本的退出方式也关系到创业者的利益。风险投资家的投资理念是将风险企业当作一个孵化器，当企业孵化成熟到一定程度后就将投资撤出，赚取其中的利润，所以他们关心的只是企业在其投资期内的经营状况，退出的方式则选择能使投资回报最大化的路径。风险投资的退出意味着风险投资家在创业企业中使命的终结，但对于创业者来说，这只是新征程的开始，而且转折方式的决策直接影响企业未来的发展，所以在退出计划制订过程中，创业者除了要考虑风险投资者的利益，还要考虑自身的利益。"

"那么我们能从哪些方面考虑呢？"小波接着问道。

"要客观地对创业技术或产品进行价值评估，维护自己的知识资本的价值；在优先股协议中不能过分出让自己的权益；对于风险投资家的股权转让也应当有所限制，确保创业者的正当权利不受退出的侵害，使企业的经营不受股权交接的影响。"

风险投资的退出方式形式和术语都有固定形式，同学们根据书写模板并结合项目自身情况进行撰写即可。

风险投资的退出方式需要阐述清楚两个问题：

（1）投资可以获得多少投资回报，收益怎样？

（2）投资者的投资资金如何退出？

风险投资的退出方式主要包括并购退出、回购退出、首次公开上市（IPO）退出、股权转让退出、清算退出。

1. 并购退出

并购退出是指通过其他企业兼并或收购风险企业而使风险资本退出。

虽然并购的收益不及首次公开上市，但是风险资金能够很快地从所投资的风险企业中退出，进入下一轮投资，因此也是风险资本退出的重要方式。

2. 回购退出

回购退出是指通过风险企业的管理层购回风险资本家手中的股份，使风险资本退出。就其实质来说，回购退出方式也属于并购的一种，只不过收购的行为人是风险企业的内部人员。回购的最大优点是风险企业被完整地保存下来，风险企业家可以掌握更多的主动权和决策权。回购退出对风险企业更为有利。

3. 首次公开上市（IPO）退出

首次公开上市退出是指通过风险企业挂牌上市使风险资本退出。首次公开上市可以分为主板上市和创业板上市。

首次公开上市（IPO）是指风险投资企业在证券市场上第一次向社会公众发行风险企业的股票，风险投资者通过被投资企业股份的上市，将拥有的私人权益转化成公共股权，在市场认同后获得投资收益，实现资本增值。一般风险企业达不到主板上市的标准，多是在创业板市场上市，例如美国的纳斯达克市场。

4. 股权转让退出

股权转让退出是私募股权基金的重要退出途径，是通过股权转让的方式使风险资本退出。股权转让是指公司股东依法将自己的股份让渡给他人，使他人成为公司股东的民事法律行为。数据显示，通过股权转让退出给私募股权基金带来的收益约为3.5倍，仅次于IPO退出。由于股票上市及股票升值需要一定的时间，或者风险企业难以达到首次公开上市的标准，许多风险资本家就会采用股权转让的方式退出投资。

5. 清算退出

清算退出是针对投资失败项目的一种退出方式。尽管采用清算退出损失是不可避免的（一般只能收回原投资的64%），但是毕竟还能收回一部分投资，以用于下一个投资循环。因此，清算退出虽然是迫不得已的，但却是避免深陷泥潭的最佳选择。

6.3.10　附录——加油包

商业计划书的最后是附录，主要是对前面的内容进行补充说明。附录也指附在正文后面与正文有关的参考资料。

附录是为读者提供更进一步的解释、说明或汇总。附录通常包括以下内容：

（1）项目获奖证明、高新技术企业认证证明等；

（2）创业团队的行业资质证明；

（3）核心产品示意图及说明；

（4）创业团队知识产权证书；

（5）市场估算和分析表；

（6）创业团队生产场地示意图或厂区地图；

（7）创业团队个人介绍；

（8）创业团队前期实际经营的财务报表；

（9）其他有助于读者理解的材料。

当然，在创业计划书中并不是附录内容越多越好，只有对正文的某些内容起必要的支撑、说明或帮助作用的时候，才提供这些内容；否则，附录内容太多反而可能起反作用，读者可能会认为创业者自信心不够。

"易小儿"团队的附录包括顾客反馈调查表（即以采访老顾客、线上线下问卷进行调查的调查表和调查结果统计分析表）及"易小儿"团队与多位专家交流时的照片。这些附录的内容有助于体现"易小儿"团队更好地服务于目标顾客群体的特点，对整个商业计划书也起到促进作用。

6.4 商业计划书的注意事项

青年学生处在创业初期，在商业计划书的撰写方面，由于知识和经验缺乏，常常容易出现以下误区。

（1）商业计划书写得越多越好？

很多项目团队认为，商业计划书写得不多就没诚意，认为商业计划书写得越多越好。但商业计划书的厚度并不是评判标准，关键是质量；但也不是说越少越好，写商业计划书要做到写重点、不堆积。

（2）直接找模板来填空？

有许多团队向成功的团队借鉴模板，导致商业计划书越来越雷同，甚至可能会把不属于本来项目的东西强加在自己的商业计划书上，这类商业计划书生硬，没有吸引力。模板的借鉴意义在于思路，而不在于框架。写商业计划书时应先审视自己的项目，商业计划书应来源于项目本身，让商业计划书服务于自己的项目。

（3）多图、彩印可以加分？

添加不必要、不符合自己商业计划书的图片，认为彩印会给商业计划书加分不少，不考虑实际情况地用彩印，这肯定是错误的。对图表的使用应宁缺毋滥，商业计划书重要的是内容，彩印可有可无。

我在第一次以撰写商业计划书为主题的例会上，对"易小儿"团队的队员讲过注意事项。在这里也分享给所有在撰写商业计划书时产生过迷茫的同学。

"老师，最后请您再给我们说说注意事项吧。"会议的尾声，园园认真地看着我说道。

"那好，我就再强调几个你们可能会犯，并且一定要注意避免的问题。之后在撰写商业计划书时，一定要想想我今天告诉你们的内容。首先，切忌以自我为中心，无的放矢，对行业的市场缺乏分析。很多人在商业计划书写作中往往从自身角度出发，长篇大论地说明自己要做说明，但是对产品和服务没有市场、销售渠道进行分析。只有以市场为中心的产品和服务才会获得人们的认可。其次，不要过分夸大项目的经济利益。有些人在写作中会拿出一些与产业标准相去甚远的数据来预测公司未来的市场份额，得出过分乐观的结果，这样是不可取的。最后，不分析竞争对手。通常在商业计划书写作中必须分析竞争对手的情况，包括行业内现有的企业、本公司的一些替代产品以及新技术的更新换代等。在现今的市场中，竞争是永远存在的，不分析竞争对手的情况会对团队未来面临的危机缺乏认识。"

"易小儿"团队在多次询问我的建议后，也十分重视这些可能遇到的问题。

"老师，我们的商业计划书已经快要完成了，您还有没有什么意见或者建议可以和我们分享一下呢？"在商业计划书的完结会议上，小戴向我问道。

"其实，商业计划书本身没有定式，我曾经看到的最精简的版本只有5页，为硅谷的一个创业者所写，他靠那5页PPT已经成功地融到资金并且创立了多家公司。但我觉得他成功的关键在于，他已经成功地成立了很多家公司。其实商业计划书的长度不重要，关键是里面有哪些我们需要关注的点。为什么要写商业计划书？筹集你的梦想准备金？但我觉得还不止，它还是推广自己梦想的一个工具。非常非常重要的一点，是整理自己的思路。我们在脑子里想的时候很容易，但落笔的时候你会发现难得多。最典型的就是我们自己的核心竞争力在哪里，真的写写看，是很难写清楚的。逼着自己用几个简单的点写清楚的时候，你已经在强迫自己整理思路了。"

"没错老师，我们在撰写的过程中也一直在思考这个问题，通过许多调查和研究，我们才最终得出了一些结论。"队长晨洋补充说道。

"是的，在这方面，你们已经做得不错了，下面我再说三个注意事项。第一，商业计划书一定要重视，许多人错误地认为商业计划书仅仅为的是获得风险资金，或者说吸引评委老师的目光，这固然是商业计划书的一个重要作用，但是它并不只是的为了获得风险投资，也是你们对自身的经营情况和能力的综合总结、展望，你们将通过商业计划书来全方位地展示战略思路以及团队的执行能力。第二，这个事情一定是个迭代的过程，一直写、一直交流，被人批判，被自己的小伙伴批判，回来接着改，这个过程其实是个特别好的思路整理过程。第三，要诚实，不过分夸大。如果你有选择性地说一些话，运用一些语言艺术，在保持真实性的基础上做些修饰我觉得是可以的，但是关系到原则的，万万不能掺假。"

许多团队的商业计划书中，创业项目未来发展前景的篇幅很长，盲目乐观，造成了一种虚假的描述，为投资人或者评委老师构建出一个看似完美的可以实现经济利益的项目。而事实上，要么抄袭了其他公司的分析报告，要么就是为投资人营造一种虚假市场前景。同时，在创业融资商业计划书中，针对同类型项目公司的对比分析，不能够全面、准确、真实地进行，对同类项目公司的运营和产品也缺少详细的了解，一味地想要展示自身优势，这种做法就会缺乏真实性。

投资人在看到创业融资商业计划书之后，会针对项目的产品、技术等进行提问，希望更加深入地了解项目。而现实中，许多团队由于资金和人员的限制，没有实际的产品和技术可以展示。因此在撰写商业计划书时，只将理念和构思进行阐述，缺少说服力和真实性，在产品和技术的展示方面也会存在滞后性。并且项目成本预算和估值也存在缺陷，常常仅对项目的人员、硬件和设备进行了预算，但在项目的市场运营、流量获取等因素上，没有明确详细的成本预算。这些都是商业计划书撰写时可能会遇到的问题，也是我们应该注意的一个问题。

第 7 章 产品的美丽"外衣"

一个项目最核心的部分是什么？答案是这个项目所生产和制造的产品，产品是这个项目最终的落脚点。没有产品的项目就像是一具空壳，而将一份完美包装和精心设计的产品交给评委时，才能够得到最终的成绩认定。

产品是整个项目所围绕的核心，没有一个好的包装和设计，很难让评委被团队的项目所吸引。在最开始的组队阶段我也强调过，"三创"赛的团队中最好有一位专门负责产品包装和美工设计的成员，或者其中成员兼备这方面的能力。

产品的包装与设计首先要调查清楚产品的市场需要，用户对此产品有何要求。只有先清楚市场需求，才能在设计时，通过产品的各个方面来反映。做出的产品才能够为市场所接受，在市场上得到流通。用户才愿意去购买，项目团队才能够收获利益。

为产品穿上美丽的"外衣"，关键在于产品设计。根据前期产品调查的反馈，整理出要点之后，团队中的设计师要做的是将这些需求导向巧妙设计在产品中。

产品在完成设计之后就要投入生产，对于大学生项目团队而言，产品的落地过程是整个项目中遇到的又一难题。这要求团队在生产工艺上注意产品的成本、产品的外观、产品的功能，形成最优组合方案。

给项目产品穿上一件美丽"外衣"能够吸引消费者，得到评委的青睐，但这件"外衣"的最终呈现不是一蹴而就的，是需要耗费很多时间与精力的。项目团队结合项目特色、市场需求以及落地可行性进行综合分析，才能打造出产品独特的美丽"外衣"。

7.1 "外衣"需要美丽

《韩非子·外储说左上》中有一则故事："楚人有卖其珠于郑者，为木兰之柜，薰以桂椒，缀以珠玉，饰以玫瑰，辑以羽翠，郑人买其椟而还其珠。此可谓善卖椟矣，未可谓善鬻珠也。"

楚国的一个商人在郑国卖珠宝，他用木兰雕了一只装珠的匣子，将匣子用桂椒调制的香料进行熏制，用珠子和宝玉加以点缀，用美丽的玉石加以装饰，用翠鸟的羽毛进行连缀。有个郑国人把匣子买了去，却把匣子里面的珠宝还给了他。楚人的行为能说明他善于卖盒子，而不善于卖珠宝。

我们暂且不去讨论成语本身含义的褒贬，单从郑人买椟还珠的行为上可以看出一个产品的包装是多么重要，而从楚人的行为中也可以看出古人的产品意识。表面上看，产品包装是产品的附属，并无实际用途，实则不然，两者密不可分，有着相互依赖、相互促进的关系。

产品包装对产品本身的影响不亚于产品本身，其作用具体包括以下几点：对产品进行保护，增加产品安全性，防止产品在运输过程中受到影响；介绍产品属性和使用价值，增加产品的价值；吸引顾客，增加顾客的潜在购买欲望；体现产品的文化内涵，突出产品的特性。

产品的包装，在当下市场经济环境中，俨然已成为商品生产销售不可或缺的一部分。

在"三创"赛中，所有的参赛产品以电商的渠道进行销售，消费者在看不到实物的情况下，第一时间是靠视觉影像去判断一个产品是否值得购买。因此，要想团队的产品在短暂的时间内，在同类产品中脱颖而出，迅速吸引消费者的眼球，必须要有好的产品包装。

在"易小儿"团队的产品及服务有了初步构想时，我就召开了会议。但我没有直接提出议题，而是先提出一些预设问题，让队员们自由回答，分享在实际生活中的网购经验，从而让他们自然而然地意识到产品包装设计的重要性，并以此寻找创作灵感。

"当你们漫无目的地逛淘宝时，什么样的商品会吸引你的注意力？"

"好看的！上档次的！"

"如何判断一个产品是好看的、上档次的呢？"

"有好看的图案！"

"包装精美！"

"包装的质量好！"

……

队员们的回答一致，我继续引导着他们："可是，我们购买的是产品，而不是包装，为什么要去关注包装呢？"

"爱美之心人皆有之，就像没有人愿意透过你邋遢的外表去了解你丰富的内心一样"园园回答道。

"一般大家都会以貌取人，所以，同学们，要想让我们的产品被人喜欢，有好的包装是必须的硬杠条件！"

有了产品想法内容后就可以开始进行产品包装设计了，但是不能盲目设计，所有的设计要以消费者需求为依托。所以，在产品包装设计中应该具有反向思维，即从消费者角度思考，这方面消费者具有最高的话语权。

"怎么才能设计出好的包装？好的包装应该具备哪些因素？这是我们现在要思考的关键，今天大家的任务就是设计出一个属于我们自己团队的产品包装。"

散会之后队员们马上投入热烈的讨论中，大家各抒己见，把自己的观点分析得有理有据，最后队员们拿着经过投票选出的，认同度最高的设计图给我看，并详细地给我介绍他们的设计理念：

良好的产品包装的诞生离不开设计，而设计又离不开实用、便捷、环保等理念。

实用是产品包装的核心。产品包装设计首先应该考虑的是满足消费者基本的需求，即保护产品。设计出的包装能保证产品的数量、质量、外观、使用条件等属性不被破坏。

便捷是产品包装的条件。产品的包装设计，是要设计出满足消费者的更方便使用的心理，所以包装应该简单易辨，能够帮助消费者有效的认知产品，即使对产品不了解或者认知有一定困难的人群，也能轻松使用与分辨产品，而不是给使用者造成困惑或带来烦琐的使用体验。

环保是产品包装的前提。在绿色环保、资源综合再利用的社会主流思想的影响下，无论是哪个领域的设计都在强调"绿水青山就是金山银山"的理念，尤其在包装设计中，这一理念已经成为设计工作的前提。

在上述理念的指引下，队员们开始根据产品特点选择包装材料。因为产品是中药制剂，需要保持干燥，包装材料就要防潮，同时还要考虑绿色环保，可降解，经济实用，经队员商讨，最终选择了纸质包装。单独的纸袋不便于运输和携带，所以有队员提出设计一个纸盒，再外面用纸绳进行捆扎，既稳固了产品，又起到美观的效果。

就这样，团队的产品包装设计就初步成型了。但无论说得多么好都是纸上谈兵，具体设计是否可行还需要实际验证，所以，下一步就要把设计图制成样品看看实际的效果。样品如图7.1和7.2所示。

图7.1　宝贝营养盒包装设计

图7.2　小儿药浴包包装设计

从样品图中可以看出，产品包装简单大方，便于携带，产品的用途、配料清晰可见，配图显示出产品是中药成分，纸质的包装材料经济又环保，同时具有中国传统古典美。

但看到实际样品后，大家一致认为，这个产品包装设计的成品没有达到预期的效果，不够精美，也不够吸引人，没有让人产生购买的欲望。拿这样的作品去参加"三创"赛是无法取胜的，一时间队员们很沮丧。

我知道比赛还是要继续，每个人都不想放弃，只是暂时找不到合适的方向而已。于是，我带领大家重新分析比赛情况。在"三创"赛中，队员是卖家，评委是买家，产品包装设计能打动评委的心才是关键。逆向思维是产品包装设计师常用的寻找灵感的方法，即从消费者的角度出发，思消费者所想，做消费者所需。基于比赛的特殊性、产品消费人群的特殊性，团队重新锁定销售目标，找到了新的设计理念。

精美是产品包装的关键。现阶段，我国人民生活水平大大提高，追求更加卓越的生活品质成为趋势。以往的包装是要符合大众审美心理，现今的产品包装无论在风格还是在视觉上都要求体现出消费者独特的审美，以满足其精神需求，这就要求包装设计必须精美。

创新是产品包装的保障。创新的设计能有效地提升产品的市场竞争能力，帮助产品在同类产品中，能够第一时间吸引消费者，同时激发消费者的认同感。从而提升产品销量、塑造良好的企业品牌形象、提高知名度，将产品的市场占有率最大化。

在此产品包装设计的基础上，队员们反复修改，更换了包装材料，选择了铁质包装，创新性地使用了锁扣设计。这样一来，包装的防潮效果更好，还可以反复利用，也更方便携带。当然，最主要的是铁质包装提升了产品的档次，能够满足消费者的审美需求，激发购买欲望。

同时在药包设计上添加了人文情怀，贴心地附上了产品使用说明卡，详细地介绍了使用方法及流程，帮助宝妈更好地使用药浴包。这也蕴含着队员们对儿童的关爱。修改后的团队最终版产品包装设计，如图 7.3～7.6 所示。

图 7.3　最终产品盒（一）

图 7.4　最终产品盒（二）

图 7.5　宝贝营养盒

图 7.6　药浴包产品使用说明卡

随着"易小儿"团队产品包装的不断改进和优化，团队在比赛中也取得了较好的成绩，大家的笑容越来越灿烂。晨洋特意找到我，激动地拥抱了我，说："老师，大家这么多天的辛苦努力没有白费，谢谢您的支持和帮助！"

从他的脸上我看到了喜悦和真诚。我拍着他的肩膀说："是你们的努力和永不言弃的精神感染了我，你们最应该感谢的是自己！"

7.2　设计产品"外衣"的过程

产品包装设计是集设计理念、产品属性、消费心理于一体的综合过程，直接影响着消费者的购买欲望。一个好的产品包装设计不仅可以让人赏心悦目，还能加深消费者对产品的认知，促进产品的推广和营销。

实际上，消费者在购买产品时，也为产品包装支付了费用，购买了产品包装。所以，在进行包装设计时，必须给产品包装注入生命力、感染力、体验感，从而吸引消费者关注，让消费者购买。那么具体应该怎样进行产品包装设计呢？

先是要寻找产品包装设计灵感。

（1）产品包装设计也是一种别样的艺术，艺术源于生活，所以生活就是寻找灵感的最佳途径。

比如 Whitebites 宠物零食的诞生。当 Whitebites 去给自家宠物狗买零食时，发现超市里的狗粮包装千篇一律，除了品牌不一样，基本没有什么区别。他便以此作为创作的出发点，从宠物的外观吸取灵感对产品进行包装设计，不仅增强了包装的辨识度，同时还增强了消费者与宠物的互动性与体验感。此外，产品包装还通过牙齿不同的露出程度，对产品进行分类，分别针对大、中、小型犬。产品包装下方的平面设计，同样对犬型进行了对应区分，降低了消费者对产品的理解成本。

（2）积累素材也是寻找包装设计灵感的重要途径之一。很多时候，收集的素材不能马上用上，但我们应该注意积累，由量变引起质变。而且要分类，这样在需要时就随时可以使用，方便快捷。

（3）除了这些之外，同类比较、异类迁移也是寻找包装设计灵感的重要途径之一。通过对同类产品优缺点的比较分析，从中总结经验，找出需要改进的地方作为突破口，或者通过异类产品发现一些新的亮点，将其迁移至所需的产品包装设计中。

（4）对于大学生而言，读书是产品包装设计的灵感最佳来源。可能书中的某一个词、某一句话、某一个现象，就能激发出设计灵感，成就一件优秀的产品包装设计作品。

"易小儿"团队从书中读到，古代婴儿出生时佩戴"长命百岁""吉祥如意"等金银锁，寓意锁住福气。他们就是从这样的古老习俗中获得产品包装设计的灵感。接着，队员们再次运用了逆向思维，从家长的角度考虑对药浴包使用需求和精神需求，再结合团队产品的药浴包设计出了独特的福袋药包，寓意是给儿童带去福气。

除了以上四种寻找灵感的方法，借鉴也是寻找产品包装设计灵感的捷径。借鉴不等于抄袭，而是另类的学习，用别人的思维启发自己的思维，生成属于自己的想法。

获得产品包装设计的灵感后，要将灵感与项目本身联系、结合，打造出独特的项目特色，这一步也很关键。

易拉罐是我们日常生活中很常见的产品，而事实上早在1959年它便诞生了。1959年，俄亥俄州的艾玛弗兰兹发现外出郊游时喝冰啤酒很困难，于是他用汽车保险杠打开啤酒，但他想要找到更好的办法，思考如何将开罐头的杠杆黏上。他彻夜未眠，终于找到了设计灵感。利用金属的制作和丰富的刻痕经验，弗兰兹将一个拉环固定在事先划好的开盖带上，利用杠杆作用和刻画痕迹，打开罐口。

要想将灵感与项目本身更好地联系、结合在一起，需要注意以下几点。

（1）记录灵感，展开联想。

当我们捕捉到一个灵感后，要把产生的主题或想法写在心中，或者将它记录下来，同时还要展开联想，将与灵感相关的理念、事物或想法进行梳理，由内向外扩展，用线将它们连接在一起，形成一个思维导图，也可以用图片或绘画来代替。

（2）分析筛选，提取信息。

画好思维导图之后，设计者可从中筛选出最有用的部分或者吸引人的几个点，将其他无用的项目删除，排除干扰，接下来再进行进一步的资料收集与分析，提取更多的有用信息。

（3）市场调查，设计方案。

充分的市场调查有助于尽可能多地搜集信息和素材，用于后续的设计分析。经过前期充分的调查，制定设计方向后，即可进行草图设计、选取制作材料、制作模型等后续工作了。

产品包装设计应把握的要点包括以下几项。

（1）产品定位。

产品定位能够突出产品的特点、性能、优势、用途、功效、档次等；消费者需求包括生理需求、心理需求、精神需求。产品包装设计可以从产品定位和消费者需求入手，设计出兼具美观与实用性的产品包装。

市场上产品各式各样，同类产品必然有所差别，细微的差别就可以作为特色体现在产品包装设计上。比如辣味食品，就要用色彩、字体和图形来明确地突出其辣的特点，使消费者很容易地辨识、挑选。

将产品的功能和作用明确地显示在产品包装上，让产品更容易辨识，从而使消费者迅速了解产品的功能和作用，便于消费者购买和使用。

不同档次的产品有不同的消费人群，所以，产品的包装设计应该具有良好的对应性，做到表里如一，以满足消费者需求。

产品优势是产品包装设计应突出的亮点，可以提高产品知名度，同时它的针对性较强，便于有需求的消费者购买。比如特仑苏牛奶包装上的大草原设计，会让人联想到优质、干净、无污染等特点，所以想买高质量、健康牛奶的消费者可以很快辨识出该品牌。

实际上，产品定位就包含了消费者需求定位，所以产品定位的过程也是了解消费者需求的过程。如果把产品定位比喻成做一道菜，那么消费者需求相当于菜的口味，两者的关系密不可分。

消费者发生购买行为，总是为了获取产品的某种价值。因此，在产品包装设计前期开展适当的市场调查活动非常必要，根据消费者的购买行为进行产品定位，如购买心理、购买角色、价格敏感度测试、信息获取渠道等，有助于了解当前的和潜在的顾客需求，这样所设计出来的产品才能被消费者认可和接受。

宝洁公司在进入中国洗衣粉市场前，为了给在中国推进的产品找到最具个性化的市场定位，耗资数百万元请一个科研情报所对中国洗衣粉市场和消费者的需求状况进行了详细的市场调研及分析。然后，根据中国国情推出了"令衣物见到光"的碧浪洗衣粉。这种洗衣粉的配方同当时国内其他产品相比，加入了高效的多酶添加剂和泡沫调节剂，使其对多种污渍具有很强的清洁能力，同时会产生适中的泡沫，手感舒适，漂洗效果理想。该产品实现了洗衣粉的突破性飞跃，帮助宝洁打开了中国洗衣粉市场的大门。

（2）融入时节元素与热点元素。

夏天时就要热情、阳光，充满活力以及生命力，如"易小儿"团队的设计正值夏天，所以设计元素就是热情的红色和明亮的黄色、清新的绿色、深沉的褐色、洁白的白色。除了时节元素，团队在设计时还加入了热点元素，如食疗盒上的锁扣、鸡蛋产品"养生"字样，都能吸引消费者的注意。

（3）产品包装的多样化。

根据产品包装的不同功能，产品包装设计产生了不同的种类和形式。根据我国贸易实践和国际贸易的统一规定，包装划分为运输包装和销售包装两大类。

运输包装又称外包装即大包装，中包装也属运输包装的一部分。销售包装俗称小包装或内包装，它直接与消费者见面，起到与消费者对话、联络沟通思想感情的作用，是设计的主要对象。

包装种类很多，有盒、瓶、袋、筒、罐等。如"易小儿"团队的产品包装具有多样化的特点，有盒装、瓶装、礼盒装、袋装、福袋装。不同的包装有不同的作用和特点，如盒装密封性更好，方便取食；瓶装简易、轻便，适合自己食用；礼盒装则更具美感和高级感，适合送人；袋装的药包环保、防潮；布制的福袋香薰更易让气味散发出来。在"三创"赛中，团队的产品数量虽然有限，但丰富的产品包装却可以营造出产品种类多的感觉，有利于团队在比赛中得到评委老师和消费者的青睐。

（4）产品风格的统一。

不同的产品，既要给人以多样的变化美，又要有统一的整体美，才能在销售时给人强烈的视觉冲击，从而使产品容易识别和记忆，强化消费者的印象。除此之外，统一的风格还能缩短设计周期，便于开发新品种，从而树立名牌产品。小米就是最好的例子。

"为发烧而生"的小米以智能手机发家，到现在，小米的产品不仅有智能手机，还涉及无人机、智能健身和智能家居设备等低端亲民的科技产品领域。在小米商城，你不仅可以买电视、空气净化器，还可以买鞋子，但无论是什么产品，小米的包装一直秉承精致、简约的理念，与主流的智能产品设计格调相吻合。当消费者看到产品风格时，头脑中马上浮现"这就是小米"的想法。

"易小儿"团队的产品种类有食疗盒、药浴包、香囊和鸡蛋等系列，为了保持产品包装设计风格统一，它们均采取了中国风设计，如食疗盒简朴的颜色和花纹设计、药浴包上印有《黄帝内经》、香囊上坠以流苏、鸡蛋产品卡上印有中国画和"养生"字样等，在保持统一的同时又各具特色，如图7.7~7.8所示。

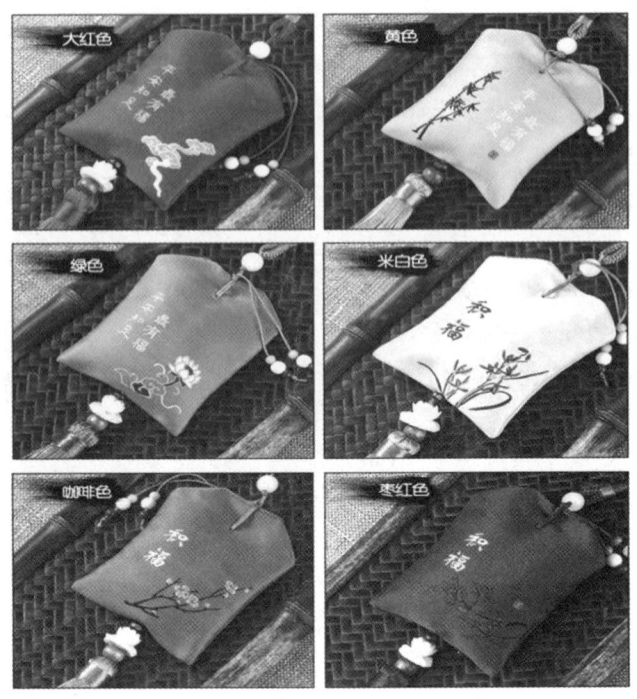

图 7.7 香囊产品包装设计

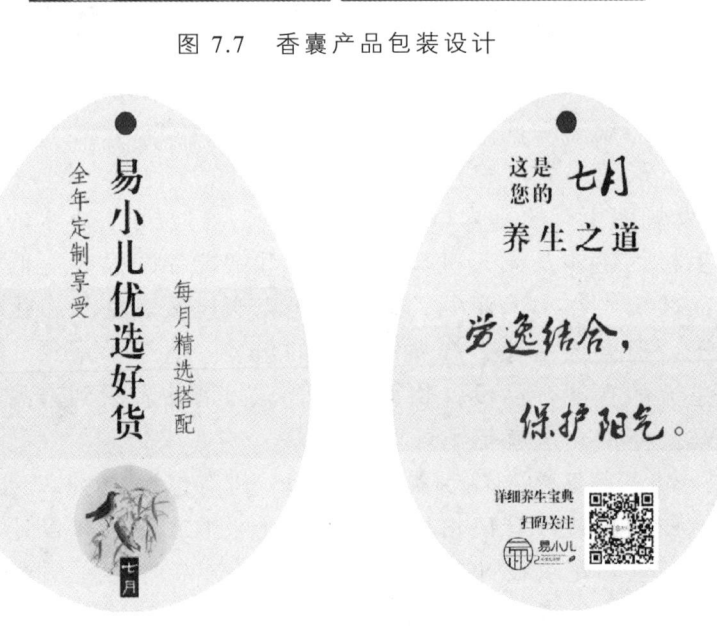

图 7.8 鸡蛋产品包装设计

7.3 美丽"外衣"的裁剪

大学生创业团队在包装落地过程中往往面临着许多困难。如：由于经验不足、资金、资源欠缺而无从着手；着手后又会面临出货时间难以精确掌控导致包装产品工作延后，包装品质不达标导致产品销路受损，包材价格波动导致成本波动难以预料等问题。在"三创"赛中，该怎样利用有限的资金和资源达到生产的最优化呢？

"易小儿"团队在以上问题的处理中，首先切实考虑了产品包装设计对后续量产的可持续性和可实现性，从产品本身出发，结合包装的实际情况，进行简单的成本核算后得出两种具体解决办法：网购半成品包装进行再加工和购买包装材料联系作坊工厂从零生产。

作坊生产虽然可以最大程度地满足产品包装设计的个性化定制，但对成本控制非常严格，需要进行大量的成本核算。由于"易小儿"团队资金有限且经验尚欠，虽然可选的作坊很多，单价和产品品质却参差不齐。"易小儿"团队在经过权衡和比对后，放弃了这个风险较大的包装落地方式。而网购半成品包装具备拿货时间较短、成本可控、数量可谈、个性化设计可商议等特点，更符合项目团队的实际情况。所以，网购半成品包装并进行价格比对成了"易小儿"团队着手包装生产前的重点工作，中国包装网和淘宝网则成为询价的首要之选。

"网购能解决的问题，为什么要借助于作坊生产这个风险较大的选项呢？"当队长晨洋询问我该采取哪种方法进行生产时，我提道。

"对，老师您说得对。虽然一开始我们考虑过作坊生产，但是经过实地比对后，我们现在更倾向于借助网购平台。"晨洋回答道。

接下来，团队分别在中国包装网和淘宝网进行产品询价。经过询价后，虽然中国包装网的产品包装较多，但是对首单出货量要求较高，会增加成本，提高团队的创业风险。"易小儿"团队便把目光转向了淘宝网。

淘宝网有店家出售各类包装半成品，价格较低，对出货量要求也不高，且周期较短。在比对了将近 8 家店之后，"易小儿"团队最后选定一家采购成本相对居中，但是最低购买量较低的商家进行采购。虽然部分半成品的色彩和文字与"易小儿"团队的产品基调不符合，但和店主商量后，最终团队通过提高了一定价格选定了适合产品的半成品包装，这其中包括纸袋、福袋、铁皮盒、纸盒等。

"纸盒的采购相对简单，只需要选定好一定的价格区间，然后把规格参数和色彩文字要求发给卖家，经过简单修改就可以开始。"负责淘宝采购的园园告诉大家。

"这为以后我们的采购工作积累了经验，我们真棒！"俊伟鼓励着大家。

完成了所有的包装半成品采购，"易小儿"团队开始对产品进行再加工，开始了新一轮的头脑风暴。

"铁皮盒具有一定的厚重感和精美性，是营养盒包装的不二之选。"

"没错，然后可以在铁皮盒外面加上设计的产品封图，在底面加上二维码。"

运用简单的生产工艺，"易小儿"团队只需要设计出 logo 等对已有的半成品包装进行美化，便可以让其变成团队专属产品。例如，直接对养生鸡蛋使用产品标贴，蛋形的标贴和鸡蛋相得益彰，让消费者一目了然。再比如，铁皮盒上直接使用标签而非标贴，提升营养盒和药浴包的产品品质和附加价值，让产品显得大气、高档。

至此，"易小儿"团队的包装设计落地工作顺利完成。在有限的资金下，通过目标导向、实际比对、询价比价，集思广益，灵活完成了这次工作，取得了较好的效果。

第 8 章 人人都是传播者

这一章开始前,我想先跟大家分享一个案例:

良品铺子 2012 年就开始布局电商,2015 年,其全渠道销售额高达 45 亿元,其中线上销售额 12 亿元,仅次于互联网零食品牌"三只松鼠"。作为线上线下最大的休闲零食企业,良品铺子也是天猫、支付宝、微信支付、京东到家等各大渠道成功的样板合作企业。

感知趋势、尽早尝试是良品铺子转型电商这条路上很重要的经验。2012 年天猫"双 11",良品铺子 100 万元的销售额让他们意识到,消费者购物习惯已发生变化。是否转战线上,公司内部发生过分歧,因为早先创业的想法是专注做好门店。但顺应市场趋势的重要性,让良品铺子下定决心设立电商公司,在各大电商平台开店。

紧接着,2013 年年底,良品铺子从电商平台团队里抽出一部分人,又招了一些"90 后",正式上线官方微信平台。除了与消费者沟通互动,良品铺子还尝试在微信商城上推介和销售优惠产品,推出"降价拍"等社交玩法,开展主题营销活动。

由于通过微信商城购物的多为年轻人,良品铺子在这类平台上销售的商品包装会更特别,会使用更多新潮元素吸引顾客。例如,"会说话的星空棒棒糖""来往饼"就是来自其自媒体的专属商品。

微店模式曾被很多人唱衰:故事很好听,但难以规模化获取客户,又难以把客户转变为订单。2015 年,良品铺子线上渠道销售额 12 亿元,微信商城上线仅 2 年时间,就贡献了 8 000 万元。到 2016 年,良品铺子来自微信商城上的销售额达到 2 亿元。良品铺子为什么如此在乎微信商城,如何做,又怎么做好?

案例中的良品铺子所运用到的微信商城、公众号这些运营渠道统称为新媒体运营。新媒体指的是相对于传统媒体而言，利用数字技术、网络技术、移动技术，通过互联网、无线通信网、有线网络等渠道以及电脑、手机、数字电视机等终端，向用户提供信息和娱乐的传播形态及媒体形态。

新媒体好比促进公司发展的催化剂，在实体公司运营中，能有效地推广公司产品及平台，增加用户数量和支持度，获得大量的关注。而在"三创"赛当中，新媒体运营渠道的展示能够让评委老师感受到团队审时度势、顺应当下潮流的特点；同时，因为新媒体的影响力广泛，还能够有效地增加项目阅读量和传播量。在项目运营过程中，通过新媒体运营的交互性也可以获得用户意见。

不管是在实体公司运营或者是"三创"赛中新媒体运营都能起到爆炸性的推广作用，其宣传力度也是传统营销方式所不能比的。因此，参赛团队要对新媒体的运营给予足够的重视。

8.1 知乎抖音齐上阵，打造新亮点

抖音于 2016 年 9 月上线，是一个分享生活信息短视频的 APP，一直处于高热度阶段，低门槛低成本的特性使其成为很多人钟爱的互联网产品，尤其获得了"90 后"和"00 后"的喜爱。在抖音短视频兴起的背景下，"易小儿"团队也顺应热点，在项目营销中加入了抖音短视频的部分。

俊伟在开会时问道："老师，我们准备拍几个抖音短视频作为项目营销点，您觉得可以吗？"

"可以呀，抖音短视频最近很受欢迎，而且对项目能起到很好的宣传作用。你们有什么具体的思路吗？"我期待着队员们的创意。

"第一个视频我们准备拍摄团队成员在实体店中挑选中药，并且与药店人员交流的场面。视频以叙述故事的形式呈现，包含挑选中药过程中令人感动的点滴，再通过旁白的方式叙述队员们的感悟，使独特的选药体验更加引人注目。"俊伟继续说道。

"除此之外,我觉得我们团队也可以制作一些趣味性视频,这样更有创意,而且不会太过乏味。"晨洋补充道。

"同学们,你们有这样的想法我感到非常欣慰。但我们要制作的视频,不只是为了吸引大众的眼球,更重要的是要有高质量的内容,从细节处着手。"

"老师放心吧,我们会在视频文案和拍摄上苦下功夫,不会只是空有华丽的外表却没有深层次内涵的。"

过了几天,"易小儿"团队自编自导了小视频,邀请了有表演力的同学担任了视频的主角,并且配上了有趣的文案。在几天时间内,这个短视频便获得了大量的点赞和评论。以下为"易小儿"团队抖音视频部分文案:

(当当当,当当)我是你妈妈我真伟大,养你这么大,你还生病啦,一年到头病娃娃,走吧走吧,走吧走吧,快点走吧,易小儿健康馆等你呀,带你去推拿,带你去推拿,嘿。

拍摄抖音短视频能在较短时间内吸引大量粉丝的关注,并且有助于用户对项目进行初步了解。但在拍摄过程中,团队会遇到许多困难,其中最大的困难便是创意来源。

创意的来源可以从三个方面去着手思考:一是抓住团队项目本身。思考怎样将团队项目通过短视频的方式展现给受众,这既是一种创意思考方向,也是拍摄短视频时所要达到的最终目的。二是要紧跟热点,抓住热门。抖音每天都有热门视频排行栏,团队不妨打开看一看,拍摄集热点与项目本身于一体的短视频。三是要回归生活。艺术源于生活而高于生活,留心到生活中的小细节,慢慢积累,或许就能成为创意的来源。

除了拍摄抖音短视频的创意尝试,"易小儿"团队也没有放过在知乎、微博平台上的营销宣传。知乎侧重于探讨性、精准式、知识传播型的回答,主要针对各行各业的精英群体。团队里有的同学经常在知乎上看一些热点问题,也提出来一些比较好的创意点子。通过交流,我和同学们总结出了几点关于发布知乎时需要注意的问题。

一是内容质量。内容的艺术性、可读性与其商业属性并重,精心雕琢、反复修改，创作出精品。拥有具有创意、价值的内容，与知乎用户真诚、友善地沟通，自然会获得超乎预期的传播效果。"易小儿"团队认为不能将项目直白地说出来，要通过一些母婴之间的问题去阐释。

二是配图质量。图片要结合项目和文字内容进行搭配，要能体现出项目的创意。真实的照片可以用一些软件进行后期加工，使照片更加美观。"易小儿"团队还拍摄了一些宝妈照顾孩子、与孩子一起进行疗养的照片。

三是搜索热点。根据知乎上的热点内容来确定文章题目，并且在文章中插入一部分与项目相关的热点内容，吸引更多人注意。

微博与知乎的不同之处在于，知乎是问答平台，而微博是社交平台。微博是一种基于用户关系信息分享、传播以及获取的通过关注机制分享简短实时信息的广播式的社交媒体。发布微博内容时要重视热搜榜、话题榜、实时热点榜的功能。同时也要借助一些微博大咖的巨额粉丝数来宣传，巧妙借助"热点"事件将项目推广植入其中，将团队项目呈现在网友眼前，使项目被人所熟知，从而达到了"广而告知"的目的。

在微博上发布内容，除了要想一些办法吸引住粉丝之外，也要重视服务态度，及时回复私信。而微博上一些新的形式，如抽奖等热门活动也可以很好地利用起来，进行对用户群体的回馈，增强用户黏性。易小儿团队便考虑到了在微博平台上进行抽奖，免费送宝妈和小儿疗养套餐的活动。

8.2 微信公众号的重要性和日常运营

微信作为一个新时期的社交媒体，随着其微信支付、城市生活服务等功能的推行，越来越受到大家的广泛关注。同时，越来越多的企业、商家，也发觉了这一巨大商机，利用新媒体运营，推广产品。而微信公众号则以其便捷灵活的操作方式、庞大丰富的受众群体、高效快捷的传播速度，迅速受到广大企业、商家的青睐和重视。

随着互联网技术与文化各个领域的深度结合，文化内容的生产和展示方式均发生了变化。微信公众号弥补了传统媒介信息传播不足这一弊端，给人们提供了更多的文化内容选择。微信公众号的运营在"三创"赛中也十分重要，是参赛团队品牌的文化传播以及市场营销的重要途径。

运作公众号的主要目的是增加公众号阅读量从而达到对项目的宣传作用，以及提高微信商城的点击量和销售量，推动项目盈利。易小儿也推出了微信公众号，用户可以在公众号内查阅到相关推文，及使用线上平台所提供的系列服务。那么在这里，也有几个如何运营微信公众号的小技巧要分享给大家。

首先，用户是运营微信公众号的基础，所以要确定用户群体。不同的用户群，对公众号的需求、公众号的爱好以及公众号的思维方式，均有所不同。

在这种条件下，团队要做的就是寻找不同类别的用户需要什么、喜欢什么，并且从这些个性中找到共性，形成宣传目标和手段。

微信公众号弥补了传统媒介信息传播的不足，给人们提供了更多文化内容的选择。微信公众号的用户数量大，这是开展大数据分析的基础。通过对订阅者的用户资料、信息获取习惯、阅读行为信息提取关键词等数据的挖掘，有利于微信公众号运营方了解订阅者偏好，向订阅者推送更精准的信息，提高信息传播效率，使公众号良性发展。

例如，"易小儿"公众号所针对的用户群体是新一代的母婴群体，其人群痛点是母婴群体体质较弱，因不当调理而导致的"怀孕后遗症"及小儿疾病。作为一类特殊的群体，在对母婴的饮食调理、日常疾病的预防护理等方面都需要更加专业的母婴养疗机构来提供专业指导。同时，新一代的宝妈群体不再局限于"为孩子"的理念，她们希望生产后能在照顾孩子的同时，尽快调理恢复好身材，重回职场。此时，她们急待专业的调养机构为她们提供专业、科学、放心的产品、服务以及针对性（个性化）的指导。

于是，在对用户群体进行了详细的分析之后。"易小儿"团队明确了微信公众号的目标和定位，在随后的运营过程中付诸行动，最终也取得了一定的成果，促进了自身项目的发展。

其次，通过各种形式吸引用户。在确定了用户群体之后，就需要考虑如何吸引这些用户，虽然不同的用户会有不同的需求，但是依然有方法增强微信公众号的吸引力。

第一，所谓"题好一半文"。公众号在文章标题设置时一定要有创造性、新颖性，才能迅速吸引用户。除了针对性要强以外，在标题设置上也要别出心裁、要点突出，在推送的第一时间抓住用户的眼球，如此才能大大提升阅读量。例如，某公众号有篇文章的标题为"这个学校用 200 节课，300 个案例，让我的工资涨了不少"。在这个标题里，课程与案例的多少，与"学了就涨工资"这个主题没有太大关系。同时语言也较为平实，不够有吸引力。而如果改成"只在这儿学了 3 个月，我的工资就涨了 1 倍！"效果就会好很多，为什么只学 3 个月薪水就能涨 1 倍呢？学了什么能让薪水涨 1 倍呢？设置悬念的同时，也会让大家对这篇文章充满期待。

第二，专业定位，创新内容。一是要在内容推送上要重视内容的原创性、差异化。内容形式要有一定的差异，单一的文字推送必然会使用户产生厌烦。团队可以采用语音、视频、动图等多种形式结合的方式。例如，很受年轻人追捧的社交性公众号"概率论"，不仅采用几种媒体形态结合的方式，同时加入了各种线上小活动，使那些即使是偶然关注到这个公众号的用户，也能一直保持新鲜感。当做到了这一点，就能够积攒一部分忠实粉丝了。二是在内容推送上要做到定位准确，考虑内容是否对用户有用。例如，一个外语教育类的公众号，就没有必要推送社会新闻、潮流资讯等与外语无关、与用户无关的内容。

第三，线上线下，增加互动。专业技术类公众号可能太强调专业传播而忽视人性化的用户交互，导致优质内容的传播力大打折扣。虽然推送优质内容是重点，但是做好线上线下的及时反馈与交流同样也是重点，运营者应该将"用户至上"的理念贯穿每一个运营环节，形成互相尊重和友好的交流关系。例如，许多公众号会在每日推送的最后发布"互动话题"，然后在第二天以推送的形式进行互动话题的展示。同时，用户还可以输入内容，在后台进行回复。此外，还要设置专门的自动菜单，供用户自主选择想要进行互动的内容，有利于不断优化用户的使用感。

第四，加强团队建设，提升专业能力。在这里要强调的一点就是坚持，这是最重要却往往也是最容易被人忽略的一点。假如将每日推送时间设定在手机使用高峰段，即北京时间晚上 8 点，那就要做到长期坚持。长此以往，用户就会形成查看今日推送的习惯，无形之中成为固定粉丝。

公众号会朝着垂直化、专业化运营方向发展，这也强调了专业化的重要性。作为专业技术公众号必须要有专业团队的指导，才能推出符合用户需求的内容。专业技术公众号传播和运营的都是领域内的专业内容，推文及话题的专业性、代表性尤为重要，这也对运营团队提出了更高的专业要求。所有的一切，都要求团队在运营过程中合理分工，最大限度地发挥每一个人的潜力。

当然，在团队建设里，必不可少的还有粉丝互动。于公众号推送者而言，有互动才能了解有多少受众在认真看其内容；于受众而言，有互动才让他们感受到被关注、关心。互动的字数可多可少，甚至可以是一个表情，都能让人们隔着屏幕感受到"温度与感情"。

同时，微信营销是亲民而不扰民，用户可以许可式选择和接受其中信息，微信公众号虽然可以将内容进行主动推送，但要始终记得用户才是信息接收的权利主体，把主动权交给用户，让用户选择自己感兴趣的内容，如回复关键词就可以看到相关的内容。

"易小儿"团队项目的雏形便是来源于晨洋早先独立运营的公众号"外公的小馆"。在正式申请好公众号"易小儿"后，团队很快就步入了正轨。

"同学们，据我了解，你们的微信公众号目前初步运行得不错，也取得了许多成果，今天我们就一起分享一下在运营微信公众号时，你们的一些心得和体会，并想一想还有哪些可以完善的地方。"

"那我们都知道，网络营销的特点有两个：一是基于互联网，以互联网为营销介质；二是它属于营销范围，是营销的一种表现形式。因此我们选择了以微信公众号为平台推广，一来可以将品牌进行快速的传播和推广；二来可以利用公众号不定期推送的方式吸引客户，让客户及时了解我们的活动与宣传。"队长晨洋在听了我的询问之后，率先说明了选择微信公众号的原因。

"我还记得老师您之前讲的，企业网络营销包含企业网络推广和电子商务两大要素。因此，我们的公众号中就分出了两个模块：一个是产品商城，可以购买各种营养盒、食疗盒产品；另一个是体质测试及预约服务，让用户在线就能测试出自己的体质，并且预约药浴、推拿等专业中医服务。"园园认真地述说了我之前提到过的知识点之后，从理论的角度对团队公众号的运营进行了一个整体思路的解释说明。

小波接着园园的话，补充道："没错，开发微信公众号的目的主要是方便用户，为用户带来更加舒适的体验。我们还打算在公众号里加入一些实用工具。关注公众号的用户可以通过里面的实用工具——体质测试/月经测试进行标准的中医测试，从而更加了解自己的身体状况。在此基础上，为用户推荐专业的医师指导，帮助用户真正了解自己的体质并且选择适合自己的服务。"

"我觉得，我们的公众号可以完善的地方是实现'可查询'功能，查询附近商家以及与我们合作的医院、养生机构等，从而帮助用户迅速找到附近的商家，了解店内情况，如哪位技师在店服务、当前顾客人数、店内产品的优惠活动等。用户也可以预约到线下门店服务，合理安排时间，为用户提供更加贴心优质的服务。我认为这一点可以继续发展，成为我们的公众号里的特色服务。"小戴提出了自己的新建议。

"还有，在公众号的主要推文上，我们也要继续下功夫。根据用户的身份、需求等，每天在微信平台上推送关于中医调养、育儿知识等方面的相关文章，为用户提供专业科学的中医指导。"晨洋接着补充。

在听了队员们的发言后，我为他们对问题的思考和探究感到欣慰，最后总结了这次讨论分享会。"同学们，今天听到你们的发言之后，我很为你们感到高兴，一方面，你们已经能将我交给你们的理论知识联系实际，学以致用；另一方面，你们在实践的过程中也有了自己的思考，虽然有些思考可能还不够完善，但是却十分有价值。"

作为内容编辑的园园，以及内容策划的晨洋，在内容编辑方面，拥有较高的专业素质，也能够较好地完成任务。同时，公众号内容形式多样如视频、音频、H5、直播等。因此，对于技术的需求较大、要求较高，而在技术方面涉猎广泛的小戴和俊伟就成为这一部分的负责人。同学们都在这一竞赛过程中，不断丰富自己的专业知识和技术水准，为公众号的运营奠定了基础。

这几个性格不同、各有所长的队员各司其职，促进了他们微信公众号的运营和进一步发展，最终为项目的发展打下又一坚实的基础。

8.3 微信商城的建立和营销

随着移动互联时代的到来，人们的生活习惯逐渐向手机转移，手机已经成为人们生活必不可少的工具。电子商务也由于移动互联网时代的到来发生了新的变化。早期的电子商务主要基于 PC 端，营销模式是传统的 B2B 和 B2C 模式。随着移动互联网逐步渗入电子商务领域，电子商务的交易终端开始向移动端转移。移动端相比 PC 端有明显优势：买卖双方都可以随时随地方便地进行交易，并且可以提供一些 PC 端所不能提供的服务，如基于位置的服务等。

此外，在移动互联网时代，电子商务还出现了一个历史性的变化——人人可以无门槛开店。每个人都可以使用手机等移动设备开店，并且无须进行传统电商时代的采购、进货、拍照、装修店面等环节，直接在社交媒体平台上进行推广宣传，即可完成交易。

"易小儿"团队的队员在讨论如何销售、如何宣传产品时，最初大家想到的就是"淘宝"。

"2018 年，天猫'双 11'全球狂欢节总交易额超 2 135 亿元，无线交易额占比 81.87%，覆盖 235 个国家和地区。由此可见淘宝是电子商务十分重要的平台，从这些巨大的销售额中，也很容易看出这个平台所带来的巨大商机。我们是否应该入驻淘宝平台呢？"队长晨洋在聊天时，向我询问意见。

"你说得没错，它的确拥有许多优势，但是它并不是完美的，依然存在一些不可避免的弊端，尤其对于你们这些初级团队来说，它并不是最好的选择。"

看了看疑惑的晨洋，我继续解释道，"一方面，通过搜索平台获得商品资讯的淘宝在很大程度上受到广告的影响，消费者前几十秒看到的产品、首页的推荐，是靠广告费用获得流量的，而不是商品的性价比。对于消费者来说，需求被广告流量严重干预，却没有获得足够好的品质和价格优势；而对于供给方来说，层层的流量商业化占据了成本的一大部分，品牌方的利润空间越来越小，这对于团队来讲是个不小的问题。另一方面，尽管可以借助平台本身的宣传来增加曝光量，减少工作，但由于公众号无法直接分享购买链接，在转换APP过程中流失的客户也成了一个不小的问题。"

"好的老师，您说得很有道理，那您有没有什么建议呢？"小戴在听了我的话之后认真地问道。

"为什么不考虑一下微信商城呢，你们之后可以对比一下两个平台。"我继续说道。

"好的，老师，我们会在详细分析对比之后，再做出决定。"

在听了我的建议后，"易小儿"团队的成员们认真分析了两个平台销售的可行性。

就微信商城而言，依托微信这一平台，商家与客户的互动感更强烈，可以很好地与客户建立沟通。但难点在于获取新客户比较困难，所以必须依托适用面广的产品，如最受微商喜欢的面膜等，去用口碑来推销，或者将自己打造成"大V"，成为天然的流量吸引光环。

就淘宝而言，其优势是流量容易获取。在淘宝平台上，客户目标很明确，来淘宝就是来买东西的。但难点在于客户的黏性不强，客户买完就走了，且竞争很激烈，难以在众多的同类产品售卖中脱颖而出。

最终，"易小儿"团队选择了微信商城这一销售平台。

互联网经济发展迅猛，各大网络销售平台齐头并进，各类营销手段不断创新，相比之下，"微信商城"营销以其独特优势在众多平台中崭露头角，掀起一股热潮。

微信商城营销模式的实质就是利用社交媒体平台所进行的关系营销。任何人都可以通过手机号码开通店铺，并可以通过一键分享到SNS平台来宣传自己的店铺并促成交易，这也降低了开店的门槛和复杂手续，回款约为1~2个工作日。微信商城只需要移动端就可以轻松操作，相比于淘宝店铺来说，不仅省去了美工等人工成本，也无须缴纳开店押金等，比较适合刚刚创业的团队。

最后，总的来说，微信商城具有以下优点：① 开店门槛低，手续操作简单；② 完全免费，所有交易（除信用卡外）都不收取手续费；③ 随时提现；④ 支持多种付款方式，包括支付宝、微信、信用卡、储蓄卡等。

"易小儿"团队后来在专家团队的指导下完成了食疗盒与药浴包产品的多次改良，开始了他们微信商城的销售道路，最终也获得了用户、消费者良好的反馈。

那么，要如何搭建一个微信商城呢？

微信商城中有专业付费平台类型，如有赞、微盟、点点客等，根据商城的功能和商品数量，收取几千元到几万元不等的费用。也有一些很实用的免费微信商城，如八城平台微商城、搜狐快站电商、微店等。不论是哪个微信商城平台都各有优劣，如何抉择还要依据项目的实际情况。

但是，需要注意的是，微信商城开始营业并不意味着大功告成，这只是开始。微信商城的客源主要有三种来源：① 微信好友引流到微信商城；② 在微信商城终端的直接搜索；③ 公众号链接。由于刚刚起步，"易小儿"团队主要依靠第三种途径，在自己公众号内附上产品链接；同时与母婴产业内其他知名公众号合作推广，提高知名度。

在具体的微信商城运行中，我也为他们的发展提了一些建议："同学们，如今你们的微信商城已经开始运行了，这对我们的项目来说，是一个十分重要的部分。我现在提出你们在运营过程中需要注意和重视的问题：微信商城在整条销售链中虽然重要，但是同时也不能忽略产品的前期准备和售后服务。在前期准备中，要注重严格把关产品质量，拓宽销售渠道；在售后服务里，应及时掌握物流动态和客户反馈。只有这几个环节相互配合，才能让产品的销售顺利进行。"

"好的老师，我们一定会注意，把握好方向，好好经营我们的微信商城，争取为我们的项目增添力量。"这些队员在听了我的建议之后，纷纷应答，充满信心。

第 9 章 项目的完美"名片"

幻灯片展示是当前最主要的一种展示形式,无论是在工作述职中还是在比赛答辩中,幻灯片展示都是相当关键的一环。相比于生硬的文字呈现,幻灯片有着更丰富的形式,更能直观地展示枯燥的文字内容,也更富吸引力,能将一个案例、一个想法立体多维地呈现出来。

大家可以想象,当一位选手去参加某个比赛,在作品展示的环节中,他只通过一份演讲稿对作品进行详细讲解,从作品的外形说到作品的意义。但即使听完这一长段的叙述,对于这个作品你仍然只停留在抽象的阶段,如果该演讲者还不具备特别出色的口才,长达几分钟的干瘪讲话,听众是很难有耐心听完的。

而另一个参赛者准备了一份幻灯片,在幻灯片中放入了作品的图片,用视频详细地展现作品,而且用结构化视图引导演讲。两者相搭配的一个作品展示,能够让观众直观地了解到这一作品,演讲者的这一做法也会让你眼前一亮,留下更加深刻的印象。这样一来,评分孰高孰低,显而易见。

如果你有关注过苹果的新品发布会,你会发现,近几年来苹果的产品发布会都有一个精心设计、科技感十足的幻灯片展示。在幻灯片中,苹果公司让展示与演讲者相搭配,动态与静态相结合,产品的发布会也因此而更出彩。

许多例子都告诉我们幻灯片在演讲中的重要性,而制作一份精美的幻灯片的重要性不言而喻。幻灯片的使用,能够让演讲者在枯燥乏味的演讲中脱颖而出,幻灯片与讲解话语相搭配,能够给评委双重好感。一份精心打造的幻灯片能够在单一形式的演讲中独具特色,加深团队在评委面前的印象，收获成功的机会也就增加了。

一份优秀的幻灯片可能要比十张满满的商业计划书更具有说服力，更打动人心。一份优秀的幻灯片是比赛答辩取胜的关键，但是在幻灯片上出错也是很容易的，一个小的不合理也会导致比赛失利。一份不好的幻灯片可能会直接将项目置于失败的境地。最后呈现给评委进行比赛成绩给定的依托载体就是关于项目的幻灯片，所以对于幻灯片的制作要慎之又慎。

9.1 阅读型幻灯片——展示的"书本"

阅读型幻灯片是指专门用来进行阅读的幻灯片。不用专门的人员在旁进行解说，只通过幻灯片的呈现，就让观众从中获得全部的有用信息。这类幻灯片一般信息量大，只需要在屏幕上浏览或者打印后进行阅读，不用去投影演讲，因此这类幻灯片所承载力的文字较多，内容比较丰富。

这种类型的幻灯片，首先要给观众一个舒适的印象，其次内容简单，容易理解，逻辑清晰，呈现专业。这一类型的幻灯片主要通过一段一段的文字来展示，适用于一些培训场合。

阅读型幻灯片有三个共同点：统一、规整和简洁。

9.1.1 统一

统一是指字体的统一、颜色的统一、版式的统一。在幻灯片模板中通常已经有了比较规范的设置。

1. 统一字体

在阅读杂志、浏览网页时，统一的字体能够让我们阅读起来更流畅、看着更舒服。但是在幻灯片展示中，如果习惯性地"Ctrl+C"和"Ctrl+V"拷贝粘贴文字，会将文本原来的格式也进行粘贴，这样当幻灯片经历多次编辑之后，在显示中会出现多种字体。因此，为了避免文档中字体杂乱，我们需要在设计幻灯片之初建立"主题字体"。

建立主题字体的方法（以下均以 PowerPoint 2016 版为例）是在【设计】选项卡【变体】下拉菜单中找到【字体】，然后点击【自定义字体】打开【新建主题字体】对话框，中英文各设置一种字体（见图 9.1）。

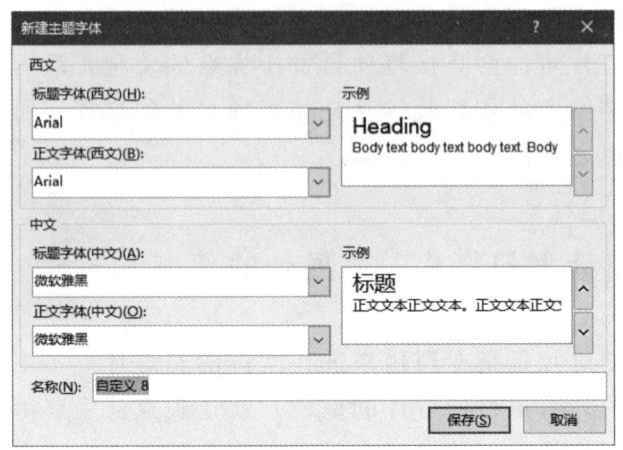

图 9.1　主题字体设置页面

也可以借助 iSlide 插件，利用【统一字体】功能，选择【主题模式】建立主题字体。建立主题字体后，每次拷贝粘贴时选择"只保留文本"的粘贴选项，就可以实现全文档中英文字体的统一（见图 9.2）。

图 9.2　统一字体设置页面

如果幻灯片一开始没有设置主题字体，已经出现了各种字体，也是可以实现一键统一的。使用幻灯片中的替换字体功能，或者 iSlide

插件【一键优化】中的【统一字体】功能，选择"强制模式"，全局更换字体，就可以达到字体统一的目的。

2. 统一色彩

首先利用幻灯片中的"主题颜色"概念，定义主题色，然后在设计幻灯片文档时，只用主题颜色，保持色彩统一。

设置主题颜色的方法是在【设计】选项卡【变体】下拉菜单中找到【颜色】，然后点击【自定义颜色】打开【新建主题颜色】对话框，定义 12 个颜色（见图 9.3）。

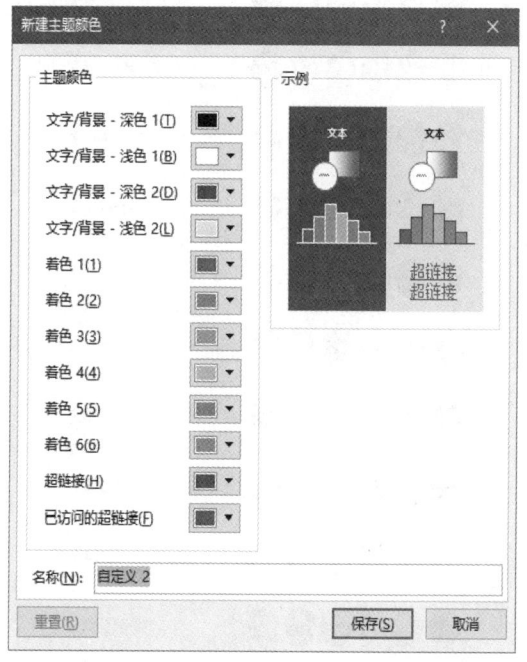

图 9.3 主题颜色设置页面

主题颜色是幻灯片页面和其他设置的核心色彩，整个幻灯片的颜色搭配要围绕主题颜色展开。我们如何配置颜色，避免色彩搭配雷点呢？

首先，要学会借助取色器这一工具，从一些优秀的成品中用取色器吸取颜色，将其运用到自己的幻灯片之中。找到想要借取的色彩页面，选取【取色器】点击想要吸取颜色的地方，这样就能够获得希望借取的优秀配色。

除此之外，还可以直接使用色彩库进行颜色搭配。一是在幻灯片软件中内置的主题色配色方案挑选颜色。二是打开软件中的色彩库，选择一套喜欢的配色，将主题色应用到当前幻灯片，建议选择【应用到全部页面】（见图 9.4）。

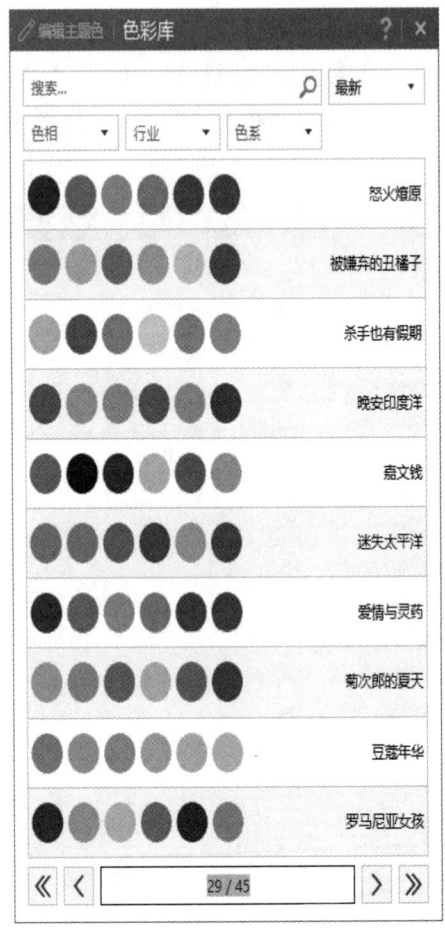

图 9.4　主题颜色色彩库设置

3. 统一版式

对于阅读型幻灯片，若需要相同的布局，利用版式来完成的效率往往更高。版式是幻灯片提供的一个非常实用的功能。可对幻灯片报告中相同的布局排版，整理出固定的布局，做成版式，形成自己的版式库。

只要新建一个幻灯片文档，都会在主题中默认有 11 个版式。在制作时，可以选择和应用这些版式到当前页。可通过【幻灯片母版】栏中的【主题】【颜色】【效果】【字体】等编辑合适的母版。

版式中的那些虚线框叫作"占位符"，顾名思义，占位符是页面上预留一个放置内容的位置，内容可以是文字、图片、图表等。

9.1.2 规整

任何一个元素在页面上存在的位置都是经过仔细设置的。为了避免页面上的内容杂乱无序，需要对页面元素进行对齐，让页面整体规整。

（1）元素对齐：PowerPoint 提供了便捷的对齐工具，能够快速地实现对两个或者更多元素的对齐排列。在【开始】选项卡下面的【排列】菜单中可以找到这些对齐方式，也可以在【格式】选项卡下面找到【对齐】功能菜单。

（2）文字对齐：文字相对于文本框的位置有不同的对齐方式。要根据不同的页面排版方式选择合适的文字对齐方式。在【开始】选项卡下面，【段落】组中可以找到这些文字对齐功能。

另外，在制作时，可以通过几个功能键来帮助提升幻灯片的整体规整效果。

（1）标尺：开启标尺除了调整特别奇葩文本框的段落缩进外，主要是为了画参考线做标准。在【视图】菜单下勾选。

（2）参考线：在幻灯片中一键添加参考线，规范版式布局。开启和隐藏参考线快捷键：Alt+F9。

（3）复制所选元素：Ctrl+鼠标左键拖拽。

（4）水平或垂直移动所选元素：Shift+鼠标左键拖拽。

（5）水平或垂直复制所选元素：Ctrl+Shift+鼠标左键拖拽。

（6）重复上一步操作：F4 键。

9.1.3 简洁

这里所说的简洁不是让文字或者图片的数量在页面中尽可能地减少，而是要以内容逻辑为主，直观呈现，简化设计。

对于阅读类型的幻灯片来说，去效果化是简化设计的直接方式。摒弃那些 3D 化、高光、立体、阴影的各种样式和效果，减少多余的修饰，在一定程度上做"减法"。利用格式复制的快捷键 Ctrl+Shift+C 和 Ctrl+Shift+V（相当于格式刷功能）保持形状样式的统一。

9.2 演讲型幻灯片——展示"百宝袋"

演讲型幻灯片是演讲者传达思想和观念的辅助工具。在演讲中，幻灯片辅助观众更好地理解演讲者的内容、接受演讲者的观点，而真正的主体应该是演讲者。这种幻灯片类型比较适合竞赛展示、产品发布会等场合。

演讲型的幻灯片是用作助演的，所以不会在上面放太多的信息，往往放置一些关键词，或者关键数据，当演讲者刚好讲到哪一个部分的时候，就放出那一页，从视觉和听觉同时出发，两者相配合，加深观众的印象。"三创"赛就是典型的演讲型幻灯片使用场合。

你也许经历过这样的演讲情景，观众在默默阅读幻灯片上面的文字而不是在听演讲，而演讲者在盯着屏幕逐行阅读，并没有跟观众进行有效沟通。在等待观众阅读完幻灯片文字的时间里，没有演讲者的解说，安静的会场中就会有一种尴尬的气氛。如果"三创"赛的答辩现场出现这样的演讲状况，不管项目本身多有实力，都会被失败的演讲拖累。

人的精力不可能同时集中于听和看两种方式，观众只会在聆听和阅读之间选择一个。

一份优秀的演讲型幻灯片，麻雀虽小，却五脏俱全，应当具备所有的幻灯片要素。从封面到最后的结尾，这份幻灯片就像一列飞速行进的高铁，车头与车尾之间的车厢中载满了乘客，包括项目背景、团队介绍、用户分析、产品和服务、营销模式、运营模式、竞争分析和盈利模式等方面。同时，还要追求视觉上的完美呈现，需要进行细节上的注意和精致化的处理。

在"易小儿"团队校赛答辩前，团队交给我一份幻灯片，看过他们的这份展示之后，我对团队成员说："这份幻灯片，说实话，你们自己觉得可以拿去展示吗？"

"易小儿"团队的初版幻灯片选择了饱和度较高的粉色贯穿全部，并且基本上每一页幻灯片都被小且密的黑色宋体字占满，全页只有文字，没有图片和图像资料。这样的一份幻灯片，枯燥、乏味，对于评委来说，完全没有吸引力。这样的一份幻灯片，可能评委半分钟都不想关注。评委不会被吸引，又怎么会给团队一个好的成绩呢？

"我觉得文字放太多了，没有什么图片。"

"感觉配色太刺眼了，评委可能不太会想看。"

"只有文字的叙述，比较枯燥。"

团队成员被我批评过后，慢慢说出了自己发现的问题。

"一份优秀的幻灯片应该具有好的配色、好的排版、好的设计。"我告诉他们。

后来，"易小儿"团队制作的幻灯片开始慢慢走上正轨，找到了"易小儿"团队幻灯片的独特风格。他们选用了一个柔和的颜色作为主题配色，与项目所追求的中医理念有一个很好的联系与呼应，让一张张幻灯片看起来十分舒适。

接下来我将以易小儿团队幻灯片为底本进行逐一讲解。

1. 封面页——"门面"

封面即门面，更是项目的名片，最直观呈现在评委面前的部分。按照幻灯片制作的逻辑顺序，团队首先要制作的是项目幻灯片的封面部分。这是一份幻灯片的伊始，也是停留时间比较长的部分，在讲演者走上讲台、进行团队介绍时，都会展示这一张页面。因此，需要花很多心思，不容许有任何的错漏。

在封面页的制作中，要注意加入项目名称、与项目相关的具有代表性的图案。"易小儿"团队采用了背景图的方式，在背景中放入一张与项目产品相关的图案，再在上面放置文字，保持了画面的整洁大方。

"易小儿"项目是采用了一个以中医药健康服务为主的平台，所以在背景图的选择上，利用一张中医古书的图片，与主要服务内容相呼应。同时，"易小儿"的题目中很明显的提到了项目的主要用户是母婴，所以在左下角放置了一个"小儿"的形象,与题目向呼应。在这样的双重呼应下,营造出一种极强的联系氛围,在开头便带给评委耳目一新的感受。

易小儿的封面页如图 9.5 所示。

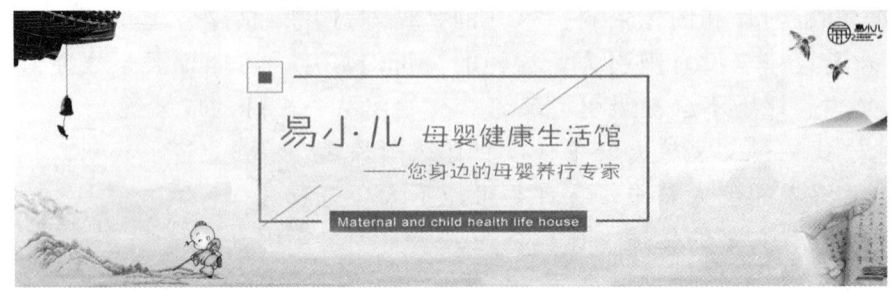

图 9.5　封面页

2. 项目背景——"玄关"

接下来进入项目背景部分,项目背景是整个幻灯片的重头戏,是项目的概要介绍和总体情况。这个部分做好了,才能吸引评委的注意,并让评委对你所进行的项目有一个基本的了解。

在项目背景中,首先要介绍项目发起的原因,即为什么会想到去完成这样一个项目。这一部分建议带着情怀,加入一些有关项目初心的内容,以达到吸引评委和打动评委的双重目的。

"易小儿"团队所制作的幻灯片是用中医精神、中药情怀作为切入点,这与项目产品相契合,跟项目主题相连接,极好地做好了开头引入。

项目引入后,接下来团队要向评委进行展示此项目的背景,包括项目的雏形、项目市场以及项目社会环境。总的来说,应表达这个项目符合市场形势,迎合当代人的生活、审美需求。

在"易小儿"项目中,项目雏形是"外公的小馆"公众号,项目的大背景是中国城镇家庭婴幼儿平均医疗保健支出逐年攀升,滥用抗生素对儿童造成伤害,如图 9.6 ~ 9.7 所示。

3. 团队介绍——"名片"

团队介绍是幻灯片中不可缺少的部分,是团队精神的一种传达。

这一部分主要是向评委介绍团队的初心和成员及分工，这里不用耗费太多的时间，简单提及即可。

图 9.6 "外公的小馆"公众号

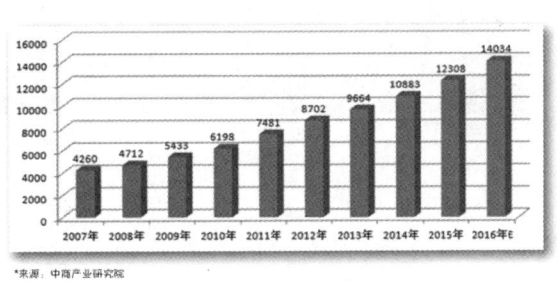

图 9.7 项目背景图表数据

4. 项目详情——"核心"

项目详情是极为关键和主要的部分，是向评委呈现和展示的最核心部分。所承载的内容是最多的，所占据的幻灯片页面也是最多的，在整个幻灯片中大概占据 15～25 页。

这部分主要需要项目团队放入整个项目的成果——产品的相关内容，包括产品理念、产品和服务以及相对应的用户分析。而其中最为重要的是产品和服务，这就要求项目团队在有限的范围和时间内，通过最精简的方式将这一长段时间，对项目产品做出的调研、设计和包装一系列工作向评委进行展示与介绍。要注意，放置的内容要适当和深刻。这里可以巧妙地利用多元的方式进行立体展示，运用产品介绍短视频和录屏演示，用动态的视觉手段与讲演的听觉相搭配，营造更有层次的效果。

在"易小儿"项目的介绍中，以"易小儿"产品——母婴健康生活馆的运营理念"治'未'病＋医养结合＋现代养生观"作为开端，然后通过一个由团队成员自己拍摄和制作的视频，在较紧凑的时间里，让评委对"易小儿"的产品及服务优势有一个粗略的了解，如图 9.8 所示。

图 9.8　项目运营理念页面

然后再从用户优势"客户精准定位、个性化定制、标准化产品＋服务、完善的线上平台和精准营销"五个部分出发，逐步细致地讲解整个项目。借用手机录屏的功能分解"易小儿"母婴生活馆产品的使用操作步骤，从药浴、食疗和推拿这三个母婴生活馆提供的主要服务出发，向评委介绍"易小儿"母婴健康生活馆，秉持工匠精神，具有完备的医疗研发流程和庞大的医疗专家团队的优势和特色（见图 9.9 和图 9.10）。

在食疗养生方面，定制专门食疗盒和食材生产地。在推拿部分，专注于小儿健康。在服务方面，"易小儿"项目作为专业的电商创业创新项目，线上服务是主要的服务类型，这同样利用手机录屏，以简短的动态图像演示具体平台操作情况：演示服务预约、线上商城、宝妈联盟和数据平台的服务。同时，一个手势图标的辅助，也带来更加精彩的效果。

第 9 章 项目的完美"名片" | 117

图 9.9 项目用户优势页面

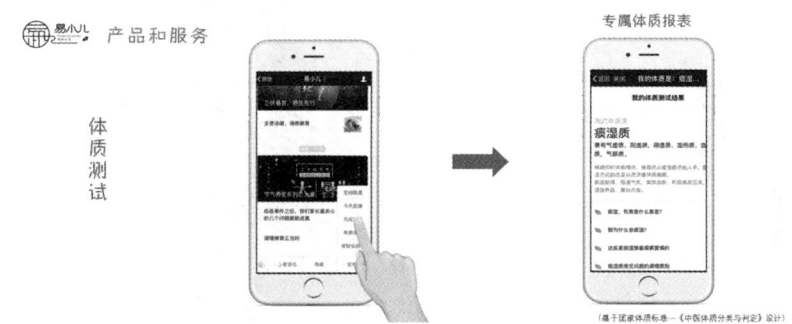

图 9.10 项目录屏功能使用页面

作为一个创业项目，需要将产品与服务投入市场之中进行销售和盈利，所以，在讲演幻灯片的时候也需要向评委展示整个项目产品的一整套盈利模式，包括如何营销、怎样运营和如何盈利。

这部分需要特别注意条理的清晰和循序渐进的讲解。同时，这部分既是现在已经进行的项目部分，又是向评委展示项目的未来发展趋势和市场前景的部分，要让评委看到团队所进行的项目是切实可行的，能够成为市场的助推力，并且所带来的收益不是暂时性的而是长远的。

"易小儿"项目幻灯片通过数据展示、活动距离和用户反馈情况等部分直观地展示项目团队如何对项目进行营销推广。通过思维导图和图文展示，向评委介绍旗舰店、标准店和社区店三店联合的特色模式和保姆式扶持的创意操作。通过数据图表的立体展示，向评委介绍"易小儿"母婴健康生活馆如何通过会员卡充值等模式实现盈利，如图 9.11～9.13 所示。

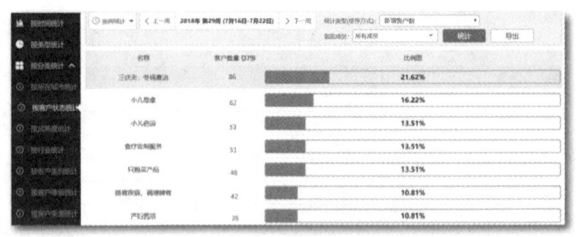

图 9.11 项目营销模式页面

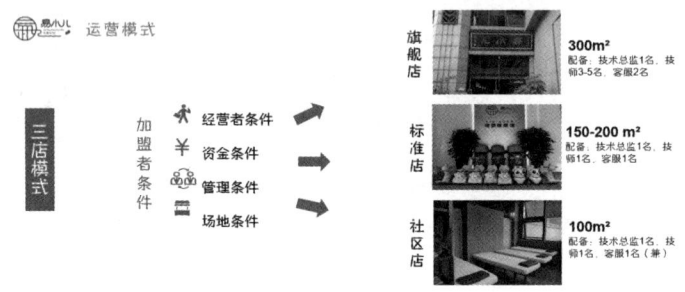

图 9.12 项目运营模式页面

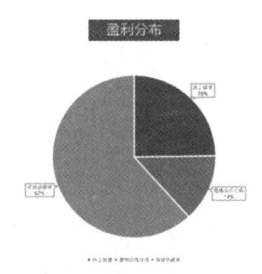

图 9.13 项目盈利模式页面

5. 其他介绍——"添花"

幻灯片经过前面几个部分的大量内容呈现，已经接近尾声，最后的这一点时间我们也要充分利用起来。可以在这部分中放入一些与项目产品有关的内容，但是在之前没有出现的相关内容，如项目团队与创业公司之间的衔接模式、项目合作伙伴、项目融资需求等。这一部分能够在一定程度上成为项目幻灯片的点睛之笔。

在"易小儿"的幻灯片中，这一部分放入了团队成员的图片，用流程图的方式演示团队组合模式；然后是项目产品的各种类型，每项服务的技术或推广合作伙伴。这些能够增加评委对项目实力的认同和对项目产品营销前景的信任。同样，在这里展示对于项目的融资需求，并不是多此一举，这种"野心"式的展示，反而能从另一个角度增加评委的好感，如图 9.14 和图 9.15 所示。

图 9.14　项目合作伙伴页面

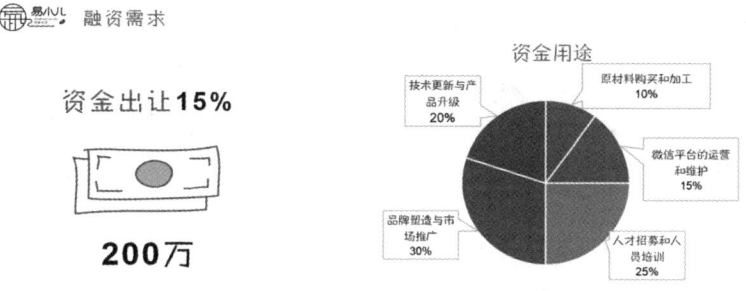

图 9.15　项目融资需求页面

6. 短期目标——"展望"

这一页放在结束页的前面，同样是一个项目进行展示的必要步骤。短期目标的呈现是向评委展示之后进程和安排，最好通过时间线的方式明晰地将其梳理出来，如图 9.16 所示。

短期目标之后便是结尾页，这一页所起到的作用是致谢，表示结束。

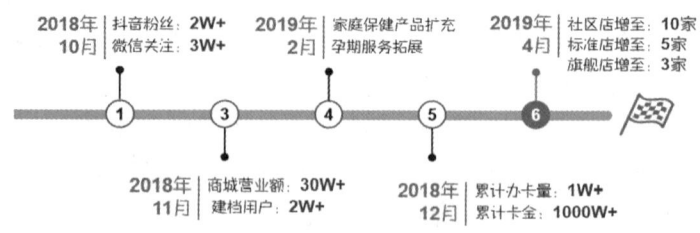

图 9.16　项目短期目标页面

7. 问题准备——"未雨绸缪"

这里我要给大家着重介绍一个在"易小儿"幻灯片展示的过程中实现的创新——问题的筹备。

"易小儿"团队在筹备比赛答辩中积累了校赛和省赛的经验，留意比赛进程中的细节，换位思考，通过团队谈论、请教老师等多种方式，猜想评委会在结束幻灯片全部内容的讲演之后对项目、产品与讲演内容提出的问题，再讨论得出相对应的答案，制作成幻灯片，再将这些页面设置为"隐藏"模式。

当评委问到相应的问题时，调出这部分幻灯片，团队成员结合已经准备好的幻灯片界面做出回答，比如评委可能会针对前面幻灯片中提出的"保姆式扶持"做出提问，在回答时，演讲的同学就可以将提前制作好的关于这部分内容的详细解释界面展示出来，这样做比团队成员没有辅助的直接回答更加有说服力，也能够给评委留下比较好的印象。多一些这样的准备会让项目团队在答辩的时候多一份精彩，如图 9.17 所示。

8. 细节添加——"完善"

以上是一份优秀的商业计划书幻灯片的主要内容。当然，除了这些大的承载，幻灯片中也要加入一些细节。比如：每一页的标头，让评委知道每一页的主题；项目产品的 logo，让幻灯片具有主题特色等。一份优秀的幻灯片从来不只是内容的简单堆砌，更应该具有该项目的特色，拥有独特的逻辑顺序、精致的标识和专门的模式设置，如图 9.18～9.19 所示。

图 9.17　项目问题筹备页面

图 9.18　项目幻灯片 logo 使用

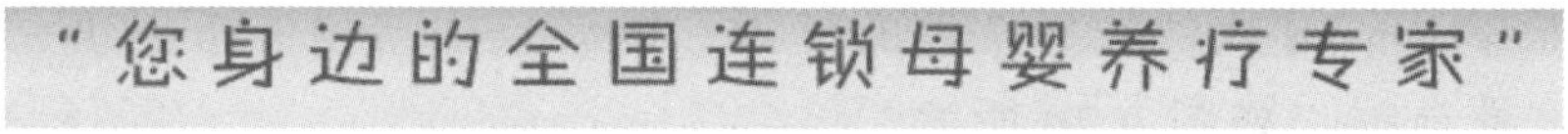

图 9.19　项目幻灯片标语嵌入

加入项目相关图片作为幻灯片的背景，有利于渗透项目的主题；利用项目母版或者直接插入项目的标志，有利于加强项目的联系；加入项目主题标语，有利于加深评委对项目的印象。

9.3　幻灯片设计"浓墨"出"重彩"

"老师，幻灯片的制作看起来很简单，但是做起来感觉要费好多的心思。"比赛结束之后，队员们这样告诉我。

的确，幻灯片的制作是比赛进程中的一个"大工程"。制作幻灯片就像是画一幅画，下笔有轻有重，有浅笔之处，有浓墨之处。

接下来，我所要介绍的是一份优秀的参赛幻灯片在制作时应当注意的一些要点，包括思维导图、图片搭配等。关注好了这些方面，做出一定的创新，对于参赛项目的展示来说是画龙点睛。

1. 思维导图先行

设计幻灯片的过程，就是准备演讲的过程，如果把制作幻灯片和演讲看作两个独立的环节，那么你的演示很可能是不成功的。

因此在幻灯片设计之初，先做一个关于演讲的思维导图就显得尤为重要。团队可以选择任何自己习惯使用的软件，也可以拿起纸笔动手画。

做一个思维导图不是为了美观，而是把你脑海中的思路理顺，让你要表达的观点变得清晰。准备一份逻辑清晰、主次分明的思维导图会让你变得更有条理，并且效率大增。在思维导图的制作上，我主要为大家介绍 Xmind 软件的使用。

Xmind 软件基础操作非常简单，也特别容易上手。Xmind 思维导图主要由中心主题、主题、子主题、自由主题、外框、联系等模块构成，通过这些导图模块，可以快速创建所需要的思维导图。

（1）新建导图。

打开 Xmind 软件选择空白的模板，或者点击新建按钮创建一个空白的思维导图，如图 9.20 所示。

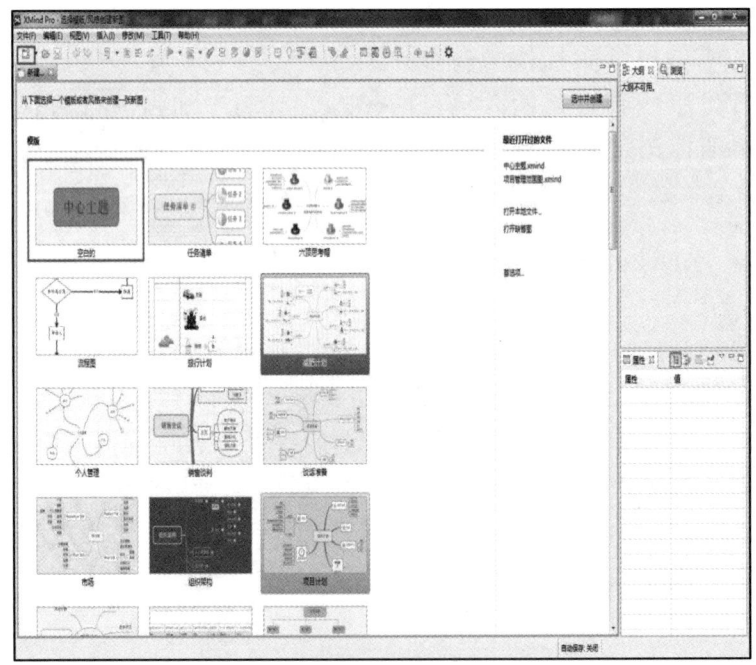

图 9.20　新建思维导图页面

另外，也可以选择"<文件>新的空白图"选项，新建一个空白导图，导图中间会出现中心主题，双击可以输入想要创建的导图项目的名称，如图 9.21 所示。

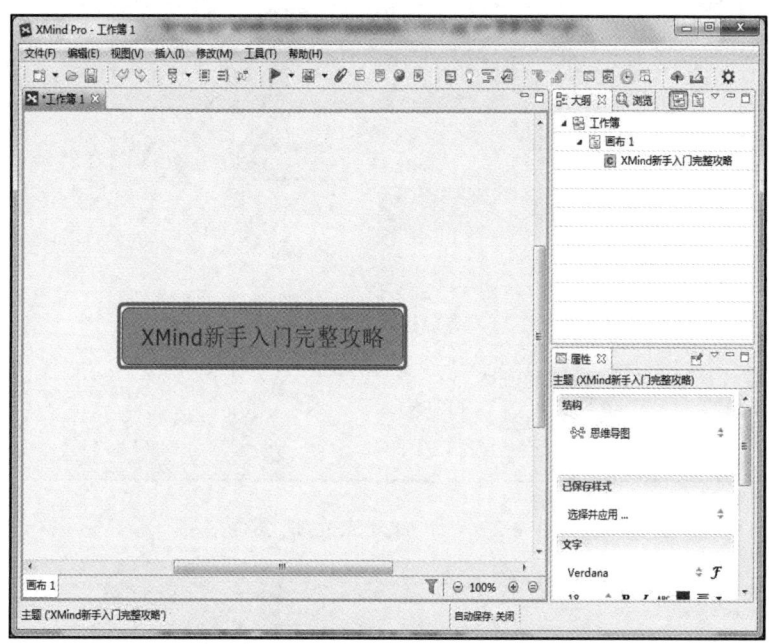

图 9.21　创建思维导图名称页面

（2）添加分支主题。

按 Enter 键或 Insert 键可以快速添加分支主题/子主题，也可以单击工具栏上插入主题按钮后面的小黑三角，插入分支主题。双击一样可以输入项目名称，如图 9.22 所示。

如果分支主题下还需要添加下一级内容，可按 Ctrl+Enter 键或 Insert 键，再创建子主题，或单击工具栏上插入主题按钮后面的小黑三角，选择父主题，如图 9.23 所示。

备注：如果不需要某个主题，可以选中主题，按 Delete 键即可。

（3）添加主题信息。

使用工具栏可快速访问图标、图片、附件、标签、备注、超链接和录音等主题信息，如图 9.24 所示。

可以通过插入菜单栏中的这几个工具来添加这些主题信息。

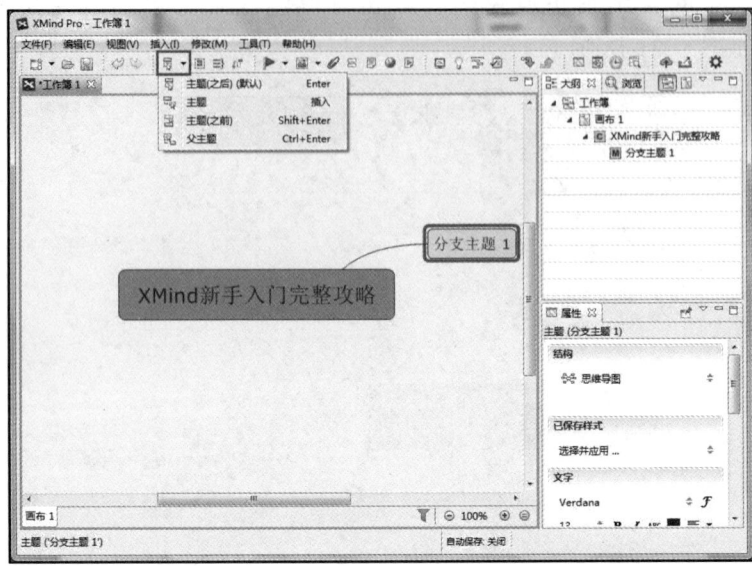

图 9.22　添加分支主题页面

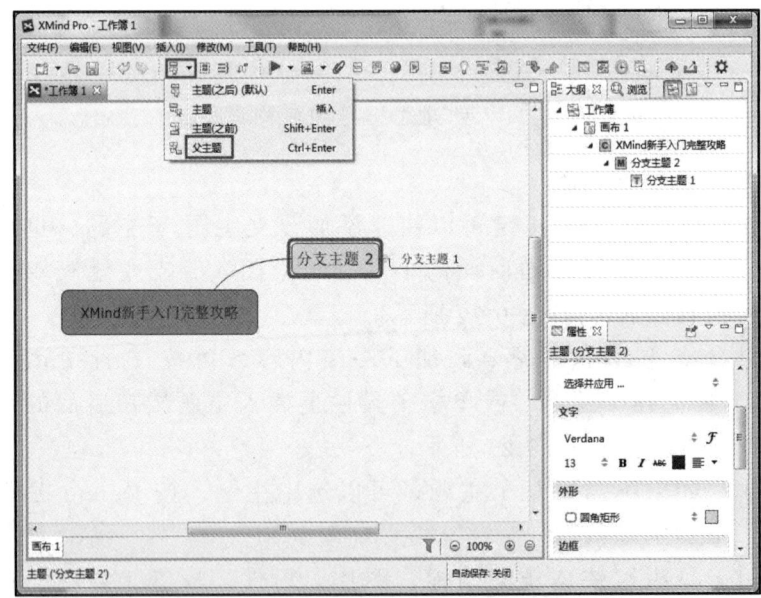

图 9.23　加入下一级主题页面

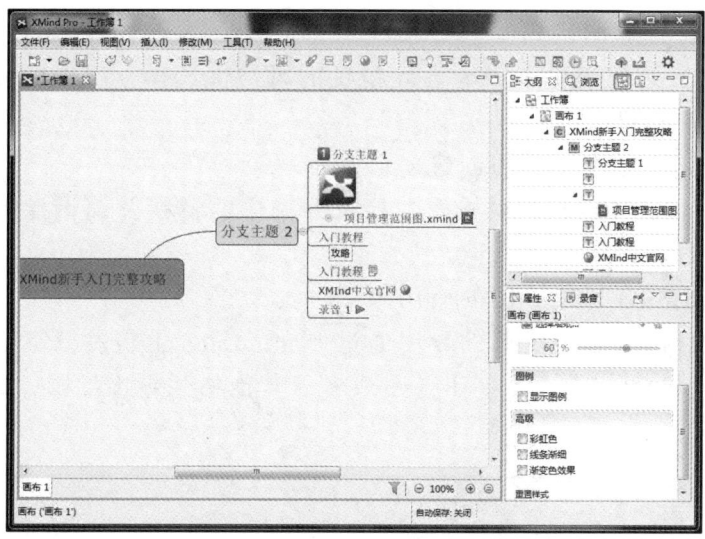

图 9.24　添加主题信息页面

（4）添加主题信息的可视化关系。

通过工具栏可快速访问外框、概要和联系来为主题添加特殊标记，对主题进行编码和分类，使用箭头展现主题之间的关系和使用外框功能环绕主题组。也可以通过插入菜单栏中的这三个工具来添加主题信息的可视化关系，如图 9.25 所示。

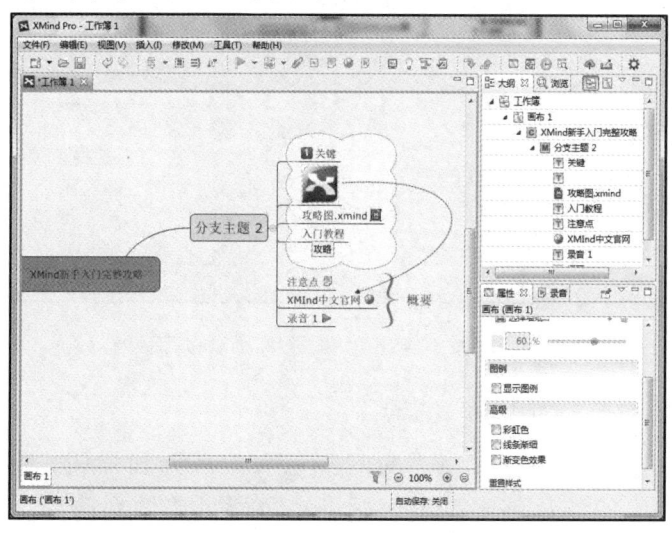

图 9.25　添加主题信息的可视化关系页面

(5）设置导图格式。

Xmind 系统提供了多种设计精良的风格供选择，用户也可以通过属性栏设计自己喜爱的风格。

(6）完成思维导图的创建。

确认导图内容的拼写检查，检查导图中的链接及编辑导图属性，并保存导图。

(7）Xmind 思维导图的应用。

用户可以将最终定稿的导图通过 Xmind.net 上传并分享给项目的其他成员，也可以演示、打印导图或者以其他格式导出导图，如图 9.26 所示。

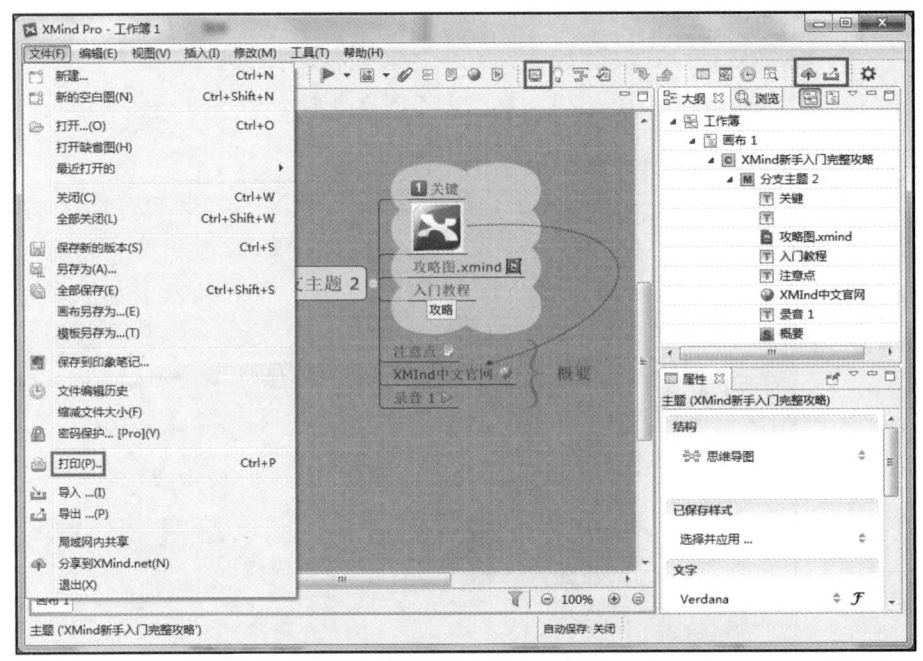

图 9.26　导出思维导图操作页面

2. 确定演示幻灯片的"基调"

团队在制作幻灯片时用不同的颜色表达区分和强调，不过可能会导致幻灯片中的颜色越来越多，所以在色彩上要做到简洁。

字体、风格、版式协调统一。必须始终记住一致性，确定了一种设计风格，就要坚持到底。但是在某个关键点需要给观众视觉"引爆点"的时候，可以加入一点不同的元素，制造冲突和意外，加强视觉效果。但是不能总是不同，这样就失去了重点。

（1）选择一个主题色，根据主题色进行搭配。

灵活运用主题色能够让幻灯片更精彩。首先我们找到它的位置，在【设计】中选择【颜色】，如图 9.27 所示。

图 9.27　主题色设计页面

此外，也可以在【幻灯片母版】中点击【颜色】，如图 9.28 所示。

首先，可以自定义喜欢的颜色，但是一定要统一和谐，可以根据主题颜色，选择与之相近的颜色，在浓淡上做出调整。幻灯片的色彩搭配应当注意色彩的三属性，色相、明度和纯度，也要抓住红-绿、橙-蓝和黄-紫三组对比色。

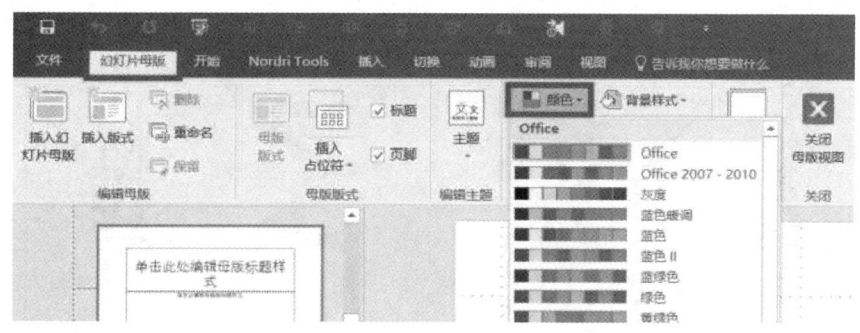

图 9.28　主题色调整页面

其次，要注意配色协调的技巧：同一色相调整明度、同一色相调整纯度和邻近色搭配。在配色时要注意，在同一画面中表现同等重要的内容时，配色采用同等明度和纯度。这样可以将重点和次重点分出来，并且可以使整个画面干净整洁，不凌乱。

再次，是使用对比色表现不同类别，这样可以凸显不同，简明扼要。页面中大块配色不超过三种，颜色过多会破坏幻灯片的基调，扰乱主题色，给人以画面混乱和不整洁的感觉。

最后，是根据色彩心理，设计注意冷暖色调的搭配。

（2）选择适当的字体。

在幻灯片中，文字、图、表是三个主要构成元素，文字不仅能传达信息，也可以通过精心的排版设计来传递情感。文字的字体、大小、排列都直接影响幻灯片版面构成。

标题用衬线字体，正文用非衬线字体。衬线字体是指有些偏艺术设计的字体，在每笔的起点和终点会起到修饰效果。字体是让幻灯片整洁的关键，衬线的字体和非衬线的字体会带给观众不同的感受，衬线字体会使标题看起来更加立体和醒目；而非衬线的字体则显得柔和，如图 9.29 所示。因为正文是观众主要阅读的部分，所以不会给观众在视觉上带来太大的冲击，这样搭配会让整个幻灯片看起来更加漂亮。

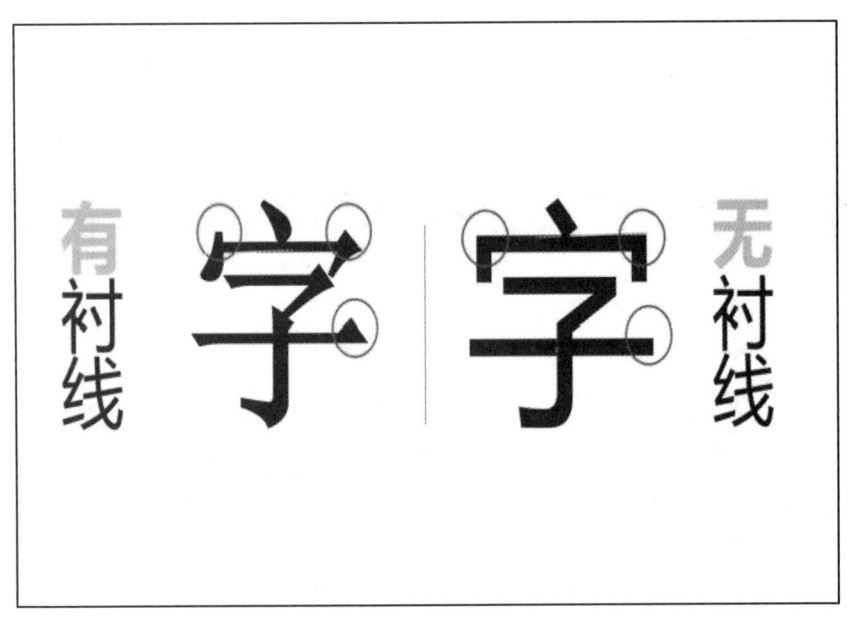

图 9.29　字体有无衬字区别

如同色彩搭配一样，字体的搭配也不应该超过三种，过多的字体会导致画面混乱。应当通过字体的合理搭配，实现重点和分类的凸显。

（3）字体与背景相搭配。

在文字与背景搭配中，最主要的原则是让观众能看清文字，如果幻灯片所使用的背景是纯色的，就该遵循深色与浅色搭配、暗色与亮色搭配的原则，以实现画面的和谐，如图 9.30 所示。

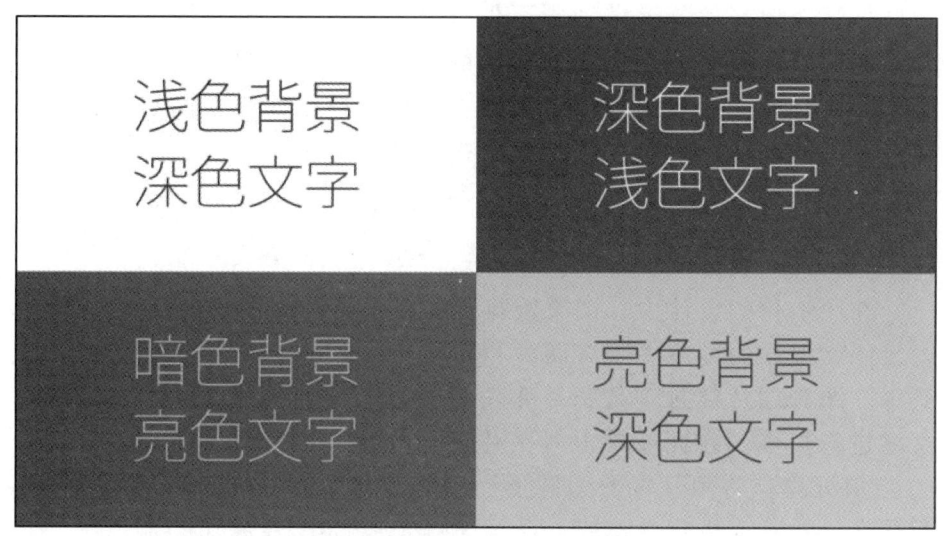

图 9.30　文字与背景搭配

如果采用的背景不是纯色而是图片，并且图片的颜色有些花哨，字体的插入并不能在其中被识别，可在图片中加入色块，在色块中加入文字，将文字和图片区分开。

3．内容的图示化设计

图示化是幻灯片制作的三大原则之一，实现图示化的幻灯片制作要按照以下步骤：

（1）使用统一的字体，设置合适的段落距离。行间距的设置可以有效改善中文版式，通过字体色彩的设定，划分信息段落以实现文本简单的排版处理。

（2）在文本整理之后，通过字体大小和深浅的搭配，实现文字信息中层级重点的凸显和区别，在简单的页面中进行文字信息的整理。

（3）幻灯片不同于 Word，要通过演示图片来传递信息，有必要通过一些图示的设计，使文本内容更容易理解和接受，将幻灯片的形式与文档等其他媒体区分开来，体现出幻灯片的媒体特性。

（4）添加动画。作为幻灯片的重要媒体特性，动画的设置可以使幻灯片页面上的信息有步骤地呈现，从而形成一个视觉先后的流程，帮助信息快速高效传递，动画不仅可以设置在整体的页面上，让每一张页面的出现具有流动性，画面中的各个部分也可以使用动画，让文字或者图片有次序地出现或者退出。动画的使用能够在演示过程中对演讲者进行辅助，让演讲的内容更有逻辑和条理。

4. 图示化的设计应注意的问题

（1）图文编排。

在图示化的设计中，图文混排也是需要下功夫的部分。

图文混排的类型主要有两种：单张图片混排型和多张图片混排型。其中，单张图片混排型是指单张图片加上文字的排版，需要做的是对文字进行提炼，在此基础上对图片进行处理。主要有以下几种方式：① 裁剪处理。将图片裁剪为圆形、三角形、多边形等，让图片与图形相结合，让画面更具立体感。② 添加蒙版。为图片添加一个色块，然后对色块进行透明化或渐变设计，这样的过渡设计在视觉上相对柔和，图片与文字的搭配也更加自然。③ 添加色块。将整张图片作为幻灯片背景，然后在其上添加一个色块，再将文字置于色块之上，这样能够最大范围地呈现出图片，加入色块可以起到凸显文字重点的作用。

在制作幻灯片的过程中，由于页面的限制，也为了画面美观，会出现需要在一张幻灯片中放入多张图片的情况。多张图片混排型，相对于单张图片而言，因为图片的增多而变得复杂。这时就需要灵活运用。

图片以矩形或者其他图形的形式，按规则在图片中按顺序整齐排列，形成规则的图片组合，会带来一种严肃的感觉。图片以不规则的图形形状嵌入画面中，形成不规则的图片组合，则能够增加画面的灵动感。

（2）告别平庸的数据表现形式。

数据表现是幻灯片展示中的常见形式，幻灯片中的数据图表有着更高的视觉化和设计感的要求，因此在幻灯片设计制作中，美化图表就显得至关重要。

第一步，认识图表元素，首先要对图表中的元素有一个全面清晰的认识。第二步，把握图表美化的三个步骤：简化、优化和升华。

① 简化。

大家常见或者说常用的图表都是直接在 Excel 中形成然后复制粘贴过来的，根据化繁为简的原则，会去掉多余的图例、坐标、刻度线，改变字体颜色或者大小。这样的简化操作会使图表看上去简洁大方，没有过多的缀饰，让观众更能抓住数据重点。

② 优化。

比如说，将方块改成三角形，方法其实很简单，只要在边上插入一个三角形，然后复制这个三角形，选中图表中的矩形进行粘贴即可。这样会让你的图表看起来更有特色，图形的选择也更容易和幻灯片页面搭配起来，营造图片高级感。

③ 升华。

改变图表颜色，使图表在视觉上看起来更为舒适。同时，我们还可以在其中加入一些创意的元素，将图表变得更有趣味性，比如插入人形，将饼状图变成圆环，或将折线图变为数据标签等。这些变化会让你的图表展示更为出彩和别致。

"幻灯片的制作可以很简单，也可以很复杂，这完全取决于团队对幻灯片的要求。你们最后制作完成的幻灯片，可以说是非常优秀的。而且，经过这次的幻灯片学习，这些经验和收获在以后的比赛或者面试答辩中也很有用。"答辩之后的交谈中，我这样告诉队员们。

"没错，我在之后的答辩中，也能够得心应手地制作出一份精美的幻灯片，上次的社团答辩，我就用我们这次学习的幻灯片制作技巧来制作答辩 PPT，获得了大家的一致好评。"小戴这样告诉我。

"是的是的，感觉经历了这次答辩，之后的答辩都不怕了。"俊伟也说道。

幻灯片的制作知识，不仅仅适用于"三创"赛。经验具有普遍性，我希望通过这一章的阐述，让同学们都能够受益。

第 10 章　成功的现场发挥

"太好了,我们的项目基本上已经做完了,终于可以放松一下了。"在开会时,园园笑着说。

我听了同学们的这些话,看着他们轻松的神情有些担忧地说道:"大家现在还不能松懈哦,还有最后也是最重要的一步,它甚至会关系到你们整个团队的最终得分,那就是现场的演讲和答辩。有些项目团队项目本身是很好的,但由于演讲不恰当,而导致项目的呈现效果不好。因此大家必须要打起十二分精神面对现场演讲和答辩。"

当整个商业比赛项目的主体——团队所达到的计划、成果的框架已经基本搭建完成时,还剩下一个最重要的部分,就是如何将团队的努力成果以最完美的形式展现出来,为自己的项目增光添彩。好比是一栋优秀的建筑,除了坚实的地基之外,也要有精致的形态,一个好的现场答辩,就是为项目披上最后一层光芒。

演讲能力十分重要,如果是一个人独立完成的演讲,演讲者所具备的综合能力,要比需要各工种彼此配合的其他舞台表演形式全面很多。演讲是一个口头的、时间轴的、线性的表达,是不可倒逆的,所以演讲稿要避免过于冗长、过于复杂、过于书面的句式,有利于受众理解和接受。

演讲一般会有时间限制,尤其是演讲比赛,甚至会单独设立超时或者不足时限的计分项。好的演讲,一定是以内容的传递效率作为优先考量的,而不是在有效时间里说了多少内容。

作为"三创"赛比赛的现场演讲,自然不可能是即兴式演讲,无论是演讲稿的撰写、演讲心态的调整、演讲时礼仪的注意及时间的控制，都是参赛团队在演讲前必须要做好的准备。只有这样在演讲时你才能落落大方、临危不惧，从而镇定自信地表达出项目的灵魂，展现整个团队的精神与风采。

当然，由于每一位参赛选手的语言表达能力以及临场应变能力不同，因而选手不必以某一种形式进行现场演讲。但是当你更熟练演讲稿，更多地与评委进行互动时，你就会发现，拥有卓越的演讲能力，对于"三创"赛的现场展示，是多么重要。这些都会为你们项目的展示增添力量，从而赢得评委老师的青睐，获得最终胜利。

当然，除了现场演讲之外，提问环节的答辩也很重要。不同于现场演讲时以演讲稿作为基础的准备型表达形式，现场答辩往往具有不确定性，是一种即兴的回答，是没有准备的，这更加考验参赛团队的临场应变能力。现场对评委老师的问题做出答辩同样也需要技巧和锻炼，这些都依赖于答辩前期的充足备战。只有做好了充足的准备，才能让比赛时的答辩水准以及比赛时的心态都达到最优状态，从而提高比赛结果的综合分数。

好的答辩者应该注意仪表仪态，会从着装、步态等细节上多做练习，为自己加分。首先需要注意的是衣服的整洁得体，这是基本的礼仪，如果有需要就应该按规定着制服；如果没有明确要求，就按照一般商务礼仪的要求来着装；如果能够预先知晓比赛场的背景主色调或者舞台环境的色调，就应该综合考虑服装的搭配；如果无法知晓的话，建议男生深浅各备一套，女生冷暖各备一套。

除此之外，答辩者在答辩时的面部表情也要保持自然，既不能面无表情，又不能眉飞色舞。如果光有声音，没有表情，会带给评委老师十分生硬死板、仿佛只是背稿子的印象；而如果表情过于夸张，失掉了控制和管理，又会失去答辩者的风度和美感，从而无法使这场答辩到达最佳效果。表情的控制也并不容易，也是需要练习，不过每个人脸上表情"适度"的值是不一样的，因此也没有统一的标准，这就需要答辩者自己琢磨。

这里有几个对所有的答辩者都通用的建议：首先，在演讲的时候，表情与表情之间的转换不要太快，一个表情在脸上可能需要停留个十来秒，这样也能够让很多情绪的表达、转折显得从容。其次，眼睛要有神，不要惧怕、回避与评委的眼神进行交流，同时注意，在交流定点后不要过于闪烁，或者迅速转移到下一个聚焦点，因为游移的眼神常常会给人紧张感，也就会分散掉评委老师对演讲内容的关注度。

总而言之，要让丰富的商业项目相关知识、完善的应答技巧、良好的口头表达、昂扬的精神面貌成为团队的铠甲。

10.1 演讲：为你的项目讲一个好故事

"三创"赛最后阶段的答辩和演讲，是一个表达团队想法、展示自己项目的过程。参加"三创"赛现场答辩就是对团队的项目进行一次路演，答辩者要做的就是尽可能地让现场每个人都认可你们的想法，让他们为你们的创新欢呼，为你们的创意喝彩，被你们的创业能力和团队协作能力感染。

这需要一个完美的、有技巧的演说。一个出色的演说，能够帮助答辩者在最短的时间内与评委建立信任感，从而让评委信任你们，相信团队有能力去实现这个想法。演讲的基础在于演讲稿，一个好的演讲稿对于演讲也大有裨益，关乎演讲能否出色完成。

演讲稿就是一篇包括自己项目从创业思想，到与团队一起协商完善思路，然后开始具体逐步实施，最后在后期进行补充与完善等内容的文章，而演讲就是为了将这些内容有重点、有层次地要向评委们介绍说明。

演讲稿有它的固有套路，例如开头的问候语、结尾的结束语、思路清晰的展示、项目的背景介绍之外，其主要是向评委表示你们团队的项目是适应时代发展潮流的，并且很有前景。然后有条理、有重点地介绍自己的项目。

一个好的演讲稿不仅如此，因为这样的演讲稿可能会是一个完善的演讲稿，却不一定是一个具有吸引力的演讲稿。演讲稿最终要幻化成语言，配合幻灯片的展示传递给评委老师，因此就需要演讲稿有吸引力和感染力。

如果你的演讲没有感染力，你的听众也许就会百无聊赖地玩手机，你的演讲很有可能遭遇冷场。在比赛中就意味着让评委老师失去了兴趣，这对于项目展示和最终得分都是不利的。因此想要用最短的时间吸引所有人的关注，就需要为项目讲一个好故事。

1. 为什么需要故事

"易小儿"团队在准备演讲时稿时总觉得演讲稿过于刻板，演讲稿的内容严肃有之、完整有之，但是却缺少了吸引人的东西。

在"易小儿"团队第一次将演讲稿给我看时，我问道："你们觉得在介绍项目时，首先应该介绍什么？"

小波答道："一个项目介绍应该从项目背景开始。"

"如果有另一个团队项目背景与你们所列出的背景相似，答辩顺序又紧挨着，你们有把握评委老师对你们记忆更深刻吗？"我接着问道。

队员们低下了头，不敢做肯定的回答。

"老师，我们也觉得项目背景作为开头比较枯燥，您有什么意见吗？"队长晨洋看着大家有些苦恼的神情，想了想之后问道。

我仔细看了团队的演讲稿之后问道："为什么不考虑在演讲稿里加一个故事呢？故事能激发听众的好奇心，启迪听众思维，发挥听众的想象力。演讲者在讲述故事时，用形象的语言，绘声绘色地讲述一个内容生动、情节抓人的小故事，往往能够增添演讲的吸引力。"

小波很快说道："您说得很有道理，我明白了。故事的内容是什么并不是最重要的，可以是生活中的突发事件，也可以是人物传奇、历史典故等。"

晨洋笑着总结道："一个好的故事可以使听众对故事的发展和人物命运产生同情、关注、惊奇等心理变化，迅速进入演讲者演讲的主题中。"

我听了这些队员的话之后继续补充道："你们刚才说的都很有道理。不可否认，人人都喜欢听故事，即使是'三创'赛答辩现场这样严肃的场合，故事总是蕴含着力量。"

"三创"赛希望的是青年大学生能够将自己的创意落地，包含了希望学生能够动手的初心。每一个项目都有故事，讲好项目背后的故事便能将听众带入情境。故事最好放在答辩开始，以吸引评委的注意，让评委从上一个项目的体系中很快脱离出来，进入另一个项目内容。

故事更具有引导性，能够帮助评委老师进入项目情景中去，能用很简短的话提起他们的兴趣。接着，你们的想法才有人听，有人看；你们的演说内容才会更容易被观众接受、理解和认可；你们的作品才能在众多的优秀作品里脱颖而出。

人脑处理信息的时候不仅要依赖意识，同时也要依赖潜意识。慷慨激昂的溢美之词不一定能说服评委，用故事的力量潜移默化地影响所有观众，让观众不自觉地接受你的演说、认可你的观点，最终从心底认同你，才是最高级的答辩形式。

2. 怎样讲一个好故事

在上一话题"为什么需要故事"中我们提到了故事的作用——吸引听众。一个好的故事，必然要能够帮助演讲者快速吸引听众的注意力，并树立演讲者令人信服的形象。

"老师，那如何才能讲一个好故事呢？这个故事要怎么才显得真实？"队长晨洋继续问道。

"在写故事或者说故事之前，你们首先要理解故事和项目的关系，故事应该能解释项目雏形的由来，让你的项目有初心在。"

"其次是用户分析。进行用户分析，确定目标用户，是为了将故事讲得吸引目标用户，让其有同理心、代入感。你说的故事要符合听众的胃口，让他们有兴趣听下去。听众对什么东西感兴趣，你就去说什么样的故事。故事的好坏是相对的，关键在于故事的主角有没有和听众产生情感上的共鸣，让听众觉得故事的主人公就是他们。你们的故事，要让听众感觉和他们的生活息息相关。在比赛中，你们面对的对象是评委老师，那么评委老师想要听什么样的故事就是你们应该思考的问题。"

"嗯，我明白了！这个故事不仅要和'三创'赛和我们有关，还要站在目标用户的角度分析，让评委老师感受到其中的情怀。"园园继续说道。

我听了同学们的话之后，说道："嗯，很好，看来你们已经理解了这一点，分析完了听众的特点，我们还要继续理清思路。这就要从故事本身的特点入手。"

"谢谢老师，我们知道应该怎样修改我们的演讲稿了。"这些队员异口同声地回答。

故事大概分为两类：一类是发生在自己身上的真实故事，内容包括但不局限于为何产生这个想法、如何看待这个市场、如何把想法变为现实、创业的经过等。这样的故事既可以增加与评委之间的信任，让评委老师更加相信你，对你的想法更感兴趣，还可以为接下来的市场、盈利等的展示打下基础；另一类故事是与项目相关的时事，评委老师对时事较敏感，此类故事可以在最短的时间内引起评委老师的兴趣，吸引评委老师的注意，接下来的介绍也会更加有效。

在"母爱，世间至纯无私的爱"主题演讲中，一位选手是这样开讲的：

这是一个真实的故事。2006年11月的一个拂晓，市郊发生了一起特大交通事故，一辆客车从数十米高的悬崖上跌下。初步勘验，全车二十余人无一幸免。突然，从尸体堆里传出婴儿孱弱的哭声。人们扒开尸体发现，原来是一个不满周岁的婴儿正伏在一位已经死去的年轻妇女怀里啼哭。

这位妇女后被证实是婴儿的母亲，她的双手呈拱拢状紧紧地将婴儿护在怀里。为抱出孩子，民警和医护人员费了好大的劲才将她已经僵硬的手臂掰开。车祸发生时，绝大多数人都在沉睡。也许是谁的呼号惊醒了这位年轻的母亲，在客车下坠的瞬间，母亲的本能使她改变了自己的求生本能，她没有双手抱头，而是用柔弱的胳膊和温厚的胸脯为婴儿构筑了一个安全的"生命巢"……

这个故事扣人心弦，与主题紧密相连，很快引起了听众的兴趣，使听众产生想听下去的强烈欲望。故事中的年轻母亲在灾难降临时舍生救儿的壮举震撼着每一位听众的心，牢牢地吸引了在场听众的注意力，为接下来的演讲做了良好的铺垫。

总而言之，一个好的故事在演讲中所展现的魅力是难以估量的。一个好的故事可以从以下几个方面做起：

（1）讲故事要包括五个要素：何时、何地、何人、何事、何故，每一个故事都应该包括这五项内容。何时的表述要注意开门见山，以引起听众注意；何地的表述要尽快进入场景，这样才会突出你想表达的主题；何人的表述要有名有姓，有名有姓才显得真实，也方便听众理清思路；何事的表述应注意具体化、描述细节化；何故的表述相对不太重要，是对听众的一个心理释放。

讲故事最重要的是对何事的讲解，换句话说也就是重现场景。重现场景的一个技巧就是描述细节化，使听众以一个与你的描述一致的画面进入情节，而不是让听众随意思考。随意思考的结果自然是听众的反应不一致，不一致在社会心理学中，就意味着心理互动的失败，心理互动失败，你就不能在讲话中达到最佳效果。

（2）细节必须具体。团队可运用听众能够理解的事实、特定的细节。细节的重要性在于凸显团队善于发现创意点的优势。

（3）场景真实。运用真实场景，比如你曾经经历过的某事，讲起故事来会更有声有色。其他人也无法轻易窃取你的故事，因为所有的细节和你的生活密切相关。

（4）讲故事时，特别要用情感去演绎。故事有情节，情节必然引发感情冲突，所以讲故事时要用情去讲。汶川地震事迹报告团中的那些演讲者并不是演讲家，但是他们的演讲可以打动所有的人，让听众恸哭，因为他们用心、用情在演讲。

（5）别忘了讲故事的目的。演讲不是单纯地讲故事，主要是通过故事来生动地描绘和陈述观点，时刻记住你的故事要与演讲的主题保持相关性，否则故事就白讲了。

做好这几点，你已经拥有一个完整的、能够吸引人的故事。但也要记住，故事并不是演讲的全部，要控制故事的长度，删繁就简，尽量将故事用最简练的方式表现出来。在生活中，积累自己的故事、身边朋友的故事，同时，从电影或者新闻中，积累故事的素材。好的故事不是平铺直叙的，要有高潮、有低谷，设置好悬念，从而吸引听众。适当的时候，也可以在故事中增加一些夸张的部分、有意思的情节，或者说引入一些热点话题，最后还需要反复地修改和雕琢。

以下为"易小儿"团队演讲稿最终确定的故事部分。

> 我的创业来源于我外公的心愿，我外公是生于四川崇州的一位老中医，行医五十余载，在十里八村小有名气，尤其

擅长母婴调理。外公手书了满满一书架的病历心得，归纳总结了各类病状药方。他坚持防患于未然的原则，钻研出了母婴养疗的独特方法，并希望将这一方法传播于大众。一年半以前，我创立了"外公的小馆"公众号，推送外公记载的疗养精髓，这便是我们的雏形。在随后的社区志愿实践服务中我们发现，小儿的健康管理是令家长头疼的问题，中医母婴疗养市场前景广阔。滥用抗生素对孩子的伤害也令人十分痛心。因此我更加坚定了要推广"外公的小馆"，坚定了防患于未然理念的信念。

10.2 时间：控制演讲的要诀

"三创"赛答辩有时间限制，每个项目的演示时间也非常有限。如何控制自己的演讲时间就成了答辩准备中最重要的一个问题。但是在比赛的准备过程中，时间往往是一个被忽视的问题，许多选手为了能够更多地展示自己的项目，或者希望能将自己准备的内容全部表达出来而超时，最终不仅不能加分，反而被扣分，这是得不偿失的。因此，我在"易小儿"团队的准备阶段，也让他们重视答辩的时间。

"同学们，我看了你们的演讲稿，正在一步一步地完善，这很好。但是我要提醒你们，一定要注意演讲和答辩的时间。内容与时间不匹配，不仅会让你们失分，也会让你们无法充分展示项目，不能给评委老师留下一个好印象。"我有些担忧地说道。

"老师，那应该如何控制演讲时间呢？又如何在有限的时间内充分地展示我们的项目呢？这也是我们现在十分苦恼的问题。希望您能详细地给我们讲解一下。"队长晨洋认真地问道。

听了晨洋的询问之后，我详细地为这些孩子们讲解道："第一，你们需要排练并且计时，一定要排练，无论是带稿排练还是脱稿排练，都应该计时。但是不能只是盯着钟表，也不能仅仅根据排练的时间来安排控场时间，因为如果脱稿演讲，往往会习惯性地添加一些不相关的内容。第二，根据稿件确定好时间分配，看看讲话内容各个部分的大致比例，对时间进行总体分配：开场白、主要内容、结束语。一般情况下，主要内容应该占演讲时间的 75%。此外，还要检查要点之间的相对比例。第三，对每个演讲部分进行定时并调整，确定演讲部分的时间有助于随时进行调整，这是演讲过程中经常出现的情况。比如，可以在开场白的笔记右下方标记'2 分钟'，在第一个要点后记好'5 分钟'，在第二个要点后记'8 分钟'等。合理分配演讲各个部分的时间有利于从容调整内容。第四，在演讲中应适当变换节奏，应用抑扬顿挫的不同语调和疾缓快慢的不同语速进行演讲，这样也有利于吸引评委老师的注意力。"

控制时间是演讲过程中十分重要，也必须重视的一点，控制演讲时间可利用一些技巧，同学们可加以练习。

1. 3R 原则

第一，我们要明确什么是 3R 原则。3R 原则是循环经济中的一个概念，是指循环经济的减量化（reduce）、再利用（reuse）和再循环（recycle）三种原则。其中，减量化是指通过适当的方法和手段，尽可能减少废弃物的产生和污染排放的过程，它是防止和减少污染最基础的途径；再利用是指尽可能多次用多种方式使用物品，以防止物品过早地成为垃圾；再循环是把废弃物品返回工厂，作为原材料融入新产品生产之中。

那么如何把这个循环经济中的原则应用到演讲中呢？第一，减量化。在演讲中，要对答辩稿进行多次修改和精简，保证答辩稿中所展示的内容都是项目的亮点或创新点，尽可能减少形式化内容占用的时间，这也是最基本的控制演讲时间的技巧。好的演讲，一定是以内容的传递效率作为优先考量的，而不是在有效时间里说了多少内容。所以，在文本准备的过程中，演讲者应尽量将文本做得稍微松一些的，语速节奏放慢一些，适度地增加一些停顿，留给评委老师反应和理解的时间，做到每一秒都向听众也就是评委老师输出有效信息，从而保证演讲的吸引力。

第二，再利用。这一点和再循环可以共同发挥作用，答辩时，有一些信息可能同时出现在多个环节中，这时可以选择在前面的展示中将信息尽量做一个详细的介绍，在后面的环节中便一笔带过，既能节省时间，又能使听众接收到这个信息。

演讲的时间非常有限，演讲者要充分利用时间，每一秒钟都绽放出项目的光彩。并不是要求在演讲时特别流利、特别顺畅地将内容表达完，而是要照顾台下听众的理解，将所要表达的内容表达清楚，也就是要让所有的评委老师理解你要表达的内容。

2. 排练计时

排练的计时练习是控制时间非常重要的方式，要根据稿件确定好时间的分配，对每个演讲部分进行定时并调整，另外还要学会充分利用手表及计时器等计时工具来进行排练计时。除了手表之外，在这里尤其要说明 PPT 计时器的使用。PPT 是演讲答辩过程中必不可少的展示项目，充分利用已有的条件和资源，有利于选手在答辩时保持冷静平和的心态，从而能够从容不迫地完成最后的答辩。

以下是 PPT 计时器的具体使用方法（以 PowerPoint 2016 版为例）：在【幻灯片放映】菜单下有一个【排练计时】功能，点击它幻灯片会进入放映状态，同时会自动记录每一页的放映时长和翻页时间。如果希望幻灯片在正式答辩时能够按照自己的排练时间自动放映和切换，这个功能可帮助你（见图 10.1）。

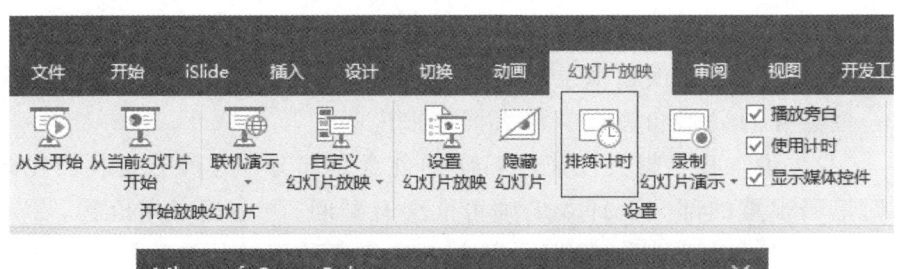

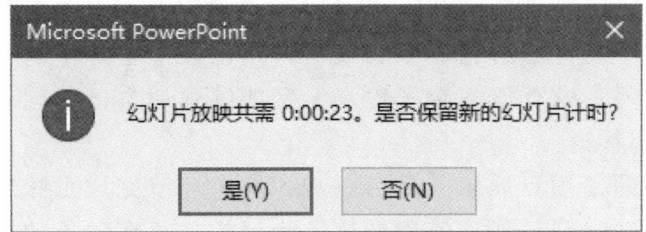

图 10.1　幻灯片放映排练计时功能

10.3　答辩：抓住评委诉求

团队进行项目展示演讲环节后便是评委老师的提问环节。回答问题的环节是一个帮助评委老师进一步了解项目的环节，能帮助演讲者补充没能讲到或者不足的地方，甚至能够左右评委对项目的最终看法。这在项目展示中是非常重要的步骤，也是团队最担心的部分。商业计划书、PPT、演讲稿都是经过多次修改完善的，但是评委老师的问题事先谁都不知道。

"老师，虽然对于项目及礼仪，我们已经做了很多准备，但是还是很紧张，怕评委老师提出的问题我们无法回答。"园园说道。

"是啊，是啊，我们也都讨论过，但是总不太明晰。所以还请老师给我们解惑。"队员们向我问道。

看着他们紧张急切的面容，我安慰道："大家不用太紧张，放松下来。所有的选手都会紧张，这是十分正常的现象。再仔细回想一下，你们现在已经完成了大部分的工作，只剩下这最后的一步了。这样看来，你们是不是又重新燃起了信心？不要紧张、不要害怕，一步一步，脚踏实地，我相信大家一定可以做好。一定要保持冷静，只有这样才能看清自己的不足，才能够集思广益，解决问题。"

看到队员们还是很焦虑。我笑着说："不如这样，现在假设你是评委老师，听完项目演讲后会提出哪些问题。我们大家一起讨论，往往有一些意外的灵感和惊喜。那么谁先来说呢？"

"我先说，我觉得要注意项目中的创意点部分，这部分是我们在演讲时笔墨很重的部分，评委老师可能会有疑问。"小戴率先抢答。

"针对这种情况呢，你们可以事先准备几种回答，然后巧妙地将问题与有关的项目亮点进行联系，最后再用已经准备好了的有说服力的答案进行回答，这样既避免了冷场，又能够强调自己的创新点，一举两得。"我回答道。

回答问题是项目展示的最后一步，演讲环节完成意味着你已经一只脚踏入成功之门，而回答问题这一步就像是还在门外的另一只脚，能不能成功就看这一步。回答问题虽然会面临不知道老师会提什么问题的困难，但是并不是无迹可寻，依然也有应对技巧与方法。在这里要介绍三个原则和四个控制。

三个原则是指听清问题再回答、清晰明白、正面回答，有答有辩。

（1）听清问题再回答。

这看似是最简单的一件事，但是往往最容易被忽视，因此值得重视。许多选手在答辩时由于过于紧张，面对老师的提问，在还没有听清楚的时候，就急匆匆地回答。这时回答可能没有条理，逻辑混乱，更有可能答非所问。这样不仅会给评委老师留下不好的印象，也会使项目无法得到全面展示，影响最终评分。

（2）清晰明白、正面回答。

这也就是在回答过程中不能转换论题，不能绕圈子，切忌答非所问。被评委老师问到不会回答的问题是十分正常的现象，这是考验你的临场应变能力的重要时刻，但是这并不意味着要为了回答而回答，为了回答评委老师的问题而信口雌黄。这不仅不能解决问题，反而会给评委老师留下不好的印象。但是也不能过于保守，面对不会的问题就不回答，也是不正确的。其实，对于自己把握不太大的问题，你可以试着回答和解释，但是注意不要把话说得过满，要留有余地。

（3）有答有辩。

在答辩的过程中，要有坚持真理、修正错误的勇气，既敢于阐述自己独到的观点，维护自己的正确观点，反驳错误观点，又敢于承认自己的不足，修正错误。评委老师虽然在专业水准上已经到达了一定高度，但是这并不意味着评委老师就不会犯错。因此，如果遇到了评委老师与自己的想法不一致的情况，要运用多种能力尽可能更多、更全面地进行思考。但是没有明确的答案也不必着急和紧张，你可以试着和评委老师进行交流，说错了并不可怕，在交流的过程中也能够让评委老师了解你的想法和思考的能力。

四个控制是指目光的控制、声音的控制、动作的控制、对话的控制。

（1）目光的控制。答辩者的目光到哪里，影响力就到哪里。答辩者讲得再好，难免会有人分心。如果置之不理，这些人可能会影响其他人，这就需要答辩者将目光移至他们身上，面带微笑地对着他们，这样可能很快就会将他们的注意力吸引到你身上。

（2）声音的控制。为了使答辩产生好的效果，答辩者要调整语音、语调、语速、节奏等。例如：答辩者声音突然提高，很可能会使分心的人，将注意力转移回来；突然降低音量，现场可能会慢慢安静下来，所有人的注意力都会回到答辩者的身上。

（3）动作的控制。在演讲或者答辩的过程中，用动作来控场，如做大的动作。大的动作可以很快重新集中听众的注意力，可以对现场进行很好的控制。

（4）对话的控制。对话的控制是指答辩者与评委老师的对话，要让评委老师有一个有效的驾驭现场的状态，也就是说要让评委老师获得足够的尊重和参与感。

最后我对这个问题做了一个总结。

"简单来说，就是先做好口头回答的准备，提前准备一份回答问题的模板。陈述和回答问题时，把要说的内容理顺，熟记于心，语言简明流畅，给人以自信大方的印象。在陈述和回答问题时，一定要坦然镇定，声音大而准确，使在场的所有人都能听到。"

"嗯嗯，老师您说得很对，这样一来，评委老师的问题，我们也能有一个准备库了。我觉得突然间没那么紧张了。"园园笑着说道。

队员们相互开起了玩笑，紧张的阴霾一扫而去。

"同学们，国赛在即，大家加油呀！"我鼓励大家。

"谢谢老师，我们一定会在最后这段时间继续努力，不会辜负我们自己这段时间的付出，也不会让您失望的。"园园走过来突然抱了抱我，说道。

看着这群同学自信的笑容、坚毅的神情，我不由得想到了这段时间他们所付出的努力和汗水；想到他们为了团队的成绩，为了完善项目，一遍又一遍地修改计划、熬夜奋斗时的样子；想到他们的团结、坚强、不抛弃不放弃的精神，内心也变得柔软起来，不禁泛起感动与欣慰。同时，也希望他们所有的努力都不被辜负，未来可期。

| 附　录 |

恰同学少年，风华正茂

　　岁月不居，时节如流。每当我打开钱包看到夹层里和同学们的合照时，都不禁微笑起来。时间一个月一个月地过去了，第八届"三创"赛也圆满地落下了帷幕，但我与同学们共同度过的时光却依旧清晰可见，那日日夜夜共同奋斗的场景依旧历历在目。

　　在这群同学身上，我看到了青春真正的模样。青春是一往直前，纵使身陷黑暗，梦想之灯却能在心中点燃，荧荧之光始终指引着前行之路。在这群同学身上，我发现"青春"就代表着胜利，在他们的字典里没有"失败"二字。他们在这七个月里，就凭着这股子劲儿最终站在了国家"特等奖第二名"的舞台上。

　　二十岁的他们的确还年轻，会因为突发的灵感激动不已，会因为取得进步而欢欣雀跃；二十岁的他们早已经不是孩子，那一个个坚毅的眼神，那一颗颗永不言败的心，让我由衷的赞叹！他们是这样的青春可爱而又坚持奋斗！

　　一根筷子轻轻被折断，十根筷子牢牢抱成团。原本一群陌生的人、一个个独立的个体，因"三创"赛紧紧地联系在了一起，形成一个坚不可摧的集体。

　　在这个大家庭中，每个人的团队意识都很强，获得新知识后总会第一时间共享。同学们经常说"三个臭皮匠顶个诸葛亮"，看着他们一边自嘲，一边共同学习、热烈讨论，我的心里不禁暖暖的。他们愿意为了团队的发展和进步隐藏自己的光芒、控制自己的情绪，虽然有的时候他们也会争论得面红耳赤，但是从没有人因意见不合而耍脾气。他们彼此尊重，真正做到了心往一处想、劲儿往一处使。

扎实的知识功底是基础；懂得分享是团队的凝聚力。想要参加比赛，光凭"脑门儿一热"的冲劲是行不通的，必须具备扎实的基础知识。团队的同学们都很上进好学，比赛中每一个小小的进步都不是轻易得来的，都凝聚着他们辛勤的汗水，这五个"臭皮匠"最终赛过了"诸葛亮"。

不忘初心，方得始终；初心易得，始终难守。在追求初心的路上充满了艰难困苦或种种诱惑，它们迷惑人的心智，使人们偏离原来的轨道。孩子们在这七个月的时间里也有过焦虑，这时我帮助他们沉下心来，冷静面对比赛。

批评未必是恰当的鞭策；鼓励一定是最好的"兴奋剂"。凌晨2点是人们酣眠的时刻，而省赛那天晚上，注定了是个不眠夜。此时此刻，团队的同学们还在奋斗着，我带着66元的奥利奥饼干和旺仔牛奶来看他们，看着这样辛苦还面带微笑的他们，我既心疼又感动，希望"66"能给他们带来好运，希望他们疲惫的身体能充满力量，暂时忘却比赛带来的压力，只记得因筹备比赛而获得的欢乐。

负重前行总会如临大敌，轻装上阵才能所向披靡。为了减轻同学们的压力，我经常和他们一起聊天，回顾整个过程中每个人的辛苦付出，目的是希望他们都能怀着一颗感恩之心，坦然地面对比赛。感恩他人的同时，更要感恩自己，这样无论比赛结果如何，他们都不会后悔。带着这样的心境，这个团队踏上了比赛的舞台，尽自己最大的努力进行了最精彩的表演，释放了属于他们自己的光芒。比赛最终顺利结束，他们令我骄傲！

与同学们相处时，我亦师亦友。为了改变他们的心态，我经常和同学们聊天，逗他们笑，缓解他们的心理压力，帮助他们找到参加比赛时最初的梦想。参赛的目的不仅仅是那一纸奖状，还有将自己头脑中的真实想法转化为现实。它支撑着孩子们一路走来，整个过程才是最值得追忆的。

起初，大家还不熟悉，同学们的参赛创意也比较简单，但他们的热情深深地感染着我，我坚定了带着这群追梦人努力走下去的决心。从引导他们逐渐放轻松，到每位同学都能打开心扉融入整个团队，慢慢地，大家相处得像一家人一般，温馨和睦、无话不谈。

随着团队的士气越来越高涨，团队的力量也越来越大！团队成员共同挥洒汗水，浇灌着智慧的种子。每每看到那一张张合作时的笑脸，看到他们在同吃同住时的和睦与亲昵，看到他们像一家人一样互相帮助，看到他们共同进步，我总是由衷地替他们感到高兴，也觉得十分欣慰。我相信他们收获的这份情谊比参赛获得的荣誉更加重要和珍贵。

照片里的我们都笑得十分灿烂，晨洋、俊伟、小戴、小波、园园像是一家人，这是属于他们的青春记忆，也是属于每一个在"三创"赛的战场上披荆斩棘、勇往直前的战士的青春记忆。而未来，那些即将踏上"三创"赛征程的青年学子，你们的青春、荣耀、舞台正等着你们自己创造。

苗苗
2019 年 2 月 16 日

勇于挑战，属于我们的时代

回首往昔，每每想起在"三创"赛过程中的经历，我的嘴角依然会浮起微笑。

对于创业者来说，这是最好的时代，也是最坏的时代。但我们——一群懵懵懂懂的大学生，还是勇敢团结地闯了进去。

在我们去请教一些天使投资人时，我对他们来之不易的成绩一脸崇拜，如获至宝地把他们说的金句都记在笔记本上。其中最深刻的一句话是"一个成功的创业团队，更多的在于人，而不在于项目本身"。后来，当我真正体验了一次创业后，我想这是我得到的最有含金量的经验。

所以，我最先想到的是我的指导老师和创业伙伴，我最好的朋友。我们从相遇开始，便有着共同的目标、共同的希望。虽然从参加比赛到比赛结束，我们只在一起待了一年多的时间，但我想，我一辈子都不会忘记这段充斥着苦辣酸甜的日子。在分秒必争的路演里，我也专门用了一页的PPT来感谢志同道合的队友们，是你们的鼎力相助才开启了我的创业征程。

我们的苗苗老师，噢，我们私下里都亲切地以阿苗来称呼她。赞美的话、感谢的话我也不用说太多。我记得，之前带过我的助理辅导员学长，虽然现在他已经在外校继续深造，但是当他在朋友圈看到我在跟阿苗老师参加"三创"赛的消息后，还专门给我打了个电话。他告诉我："晨洋，苗苗老师是我大学里遇到的最好的老师，好好跟着她学习，好好比赛。"

后来我才知道，他是上一届"三创"赛国家特等奖获得者团队的队员。现在如果我看见有学弟学妹在跟苗苗老师做接下来的项目，我肯定也会对他们说出这句话。不用说太多溢美之词，阿苗老师真的是我大学遇到的最好的老师。

作为"易小儿"团队的队长，我在整个参与项目的过程中，可能会想得更多更远，有时候承受的压力也会更大。经历过创业信心不断被各种挫折磨掉一度想到放弃的绝望,也经历过每一次拼搏过后看到成果的欣喜若狂。其中的心路历程只有自己体验了才能明白,我也真切体会到"坚持,就是胜利"。所以,我作为一个创业菜鸟,想对大家说"坚持,就是胜利"。我们还年轻,我们不畏惧,我们敢于挑战未知的一切,大不了从头再来!

哦,对了,我们创业的初衷也很有意思。可能因为受我外公做老中医的熏陶,我从小就喜欢闻草药的味道,喜欢了解中医的偏方。小时候只是觉得外公有双神奇的手,从柜子的抽屉里抽出一些草药就可以治好那么多人的顽疾。他住在山里僻静的小木屋里,却从来不缺少专程前来看诊拿药的患者。许多年后,外公依然在那间小木屋里,致力于中医文化的传承。长大后的我便开始思考,如何让外公的中医理念走出大山,为更多的孩子带来健康的体魄。

有了创业的灵感是远远不够的,创业一开始,是指导老师们给了我们最专业的指导,有万能的创业百科全书——苗苗老师;有在连锁加盟商业模式上给予我们极大扶持的刘永武老师;还有医术精湛,指导我们攻克了很多专业难题的文燕老师。是指导老师对我们不厌其烦地栽培,让我们走出踏踏实实的第一步。

面对"三创"赛校赛、省赛、国赛的层层选拔考验,我们每一步都面临着不同的压力,也见证着团队的进步和友谊的凝聚。在那时,我也正处于专业课程最重的一学期,每门专业课都拥有很多复杂的课程设计,每一个课程设计都需要几十个小时才能完成。

我现在已记不清自己在当时熬了多少次夜晚,通宵了多少天。我只记得,省赛前我和队友在宿舍修改路演 PPT,终于觉得完工可以好好睡觉了,结果往外一望,东方已经泛起了鱼肚白。洗了一把脸,天就大亮了。记不清多少次,白天和队友们开会讨论、头脑风暴,深夜再去自习室绘制课程设计时,窗外陪伴我的只有夜晚的蛙声与若隐若现的鸡鸣。诸如此类的故事还有很多很多,我不必提,相信我的队友也都记得。

创业成功人士马云先生说过:"创业者最需要厚脸皮,你如果没做成事,可能是你脸皮还不够厚。"经历创业比赛让我脸皮变得更厚了。

这不是玩笑话,因为要去和各行各业、形形色色的人接触,必须练就一颗坚强的心,还有比城墙拐角还厚的脸皮。很多事情,不试试是永远不知道的,试了不成功,那也不代表失败,还可以继续再试。我们在构建营销模式时,向许多国内代表性的同行打了电话,与网点客服聊,去听取他人的营销方式,同时也希望得到一些别人的独家信息,然后更好地改良自己的项目。这一切,没有一个厚脸皮恐怕还是不行的。

即使经历了这么一个充满挑战和乐趣的创业比赛过程,我现在依旧属于创业的"青铜"选手。这一片创业的海洋如此浩瀚,可以让人有着无尽的探索欲望。在最后,送给大家一句让我一直坚持下去的信条,其实这是小时候妈妈常常用来激励我的一句话。到如今,可以说我实现的每一个自我突破都是因为这句话。

"凡事不去试一下,永远没有机会。机会是人创造的,不试试,怎么知道呢?"

张晨洋(晨洋)

2019 年 2 月 14 日

我们的团队：默契、信任、合作、真情

大学四年，如果说有什么事情值得用一生去铭记，那便是与联合创始人们一起创立了"易小儿"。"易小儿"不仅凝聚着我们的心血，也是我们最骄傲的印记。在苗苗老师的带领下，我们同心协力，一步一个脚印前行，倾注了所有的心血，只为了当初那小小的口号："我们不过是想给宝宝和妈妈一个更健康的生活方式。"

"易小儿"项目能够获奖、被学校表彰、代表学校参加"首届高校创新创业创造教育精品成果展"，与我们竭尽心血地付出是分不开的。团队创立之初，我们都是迷茫且无助的，面对这项我们从未接触过的挑战，不知从何开始。起初的一些任务，我们的热情都不是很高，积极性也不够，大家会为了其他事而推诿。苗苗老师见到这种情况，十分着急和担心，抽空召集我们开了个小会。她告诉我们，只有刨除杂念，齐心协力为一个目标不懈努力，才有可能获得成功。

从那个时候开始，我们便放下了其余不要紧的事情，开始全身心地投入易小儿团队。我们开始一起调研市场、发问卷、写报告、体验产品……我们走访了成都很多有关母婴、中医、健康的门店和企业，虽然各司其职但又心归一处，我们用脚步行走过的每一处土地都沾上了辛勤的汗水。

苗苗老师曾说过："团队的形成是团队成员互相接纳的过程。"我们在工作中不断磨合，互相配合，从 PPT 每个模块的设计到商业计划书里每个句子的表述。我们能熟悉团队其他成员的风格、找到最适合我们的状态。策划路演时，我们根据每个人的特点，区分了不同的角色。通过上百次的排列演习，我们彼此了然于心，配合默契。于是，我们终于由一个"群体"成为一个"团队"。

从突围校赛到最终国赛，我们经历了许多的评委点评、专家建议，每个批评和建议对我们来说都十分宝贵。我们从不觉得自己的作品有多好，而是虚心接受老师们的指点，并且结合项目的实际情况进行改进。我们按照改进方案、及时执行、总结反馈和再次改进的循环不断

调整，单是商业计划书就已经修改了上百次。借助老师们独到的眼光，我们的项目一步步地走向完善。在此，感谢评委老师和专家对我们的帮助和建议。

我们也会在工作之余谈天说地、聚会饮茶，共同畅想我们未来的发展。这个时候也是我最快乐的时候，感觉所有的辛劳都不值一提。艰辛总能一笔带过，留下来的是我们团队齐心协力的精神，是自己不怕苦不怕累的精神，是骄傲地看着"易小儿"不断长大，心里充满着欣慰感。

宋俊伟（俊伟）

2019 年 2 月 10 日

拼搏之旅，温暖之行

时间犹如白驹过隙，距离"三创"赛已过去半年，但关于它的记忆，关于一路拼搏的困难与喜悦却犹在昨日。

参加"三创"赛是一个很偶然的机会，有两个原因。第一个是激情，大家心中有创业的激情。我们想在大学四年时间内有一些不同的尝试，有更丰富的人生经历，渴望去挑战自己。第二个是契机，就是学校孔老师举行的"科创训练营"。在这个平台中，大家去了解科创竞赛，并有机会为同一个目标聚在一起。这两者共同催生了我们去参加"三创"赛的渴望。当然，这种渴望能最终成为现实，少不了众多老师和同学的鼎力相助。

在我看来，我们能取得这样的成绩，主要有三个方面的因素：好项目，好导师，好的团队。

首先，"易小儿"是一个好的项目，这是基础。项目的初心、出发点、经营模式、营销模式、落脚点都是正能量而且有新意的。当然，任何一个项目都不可能从一开始就很成熟和完善。

刚开始，我们也很迷茫。最初，我们希望把尽可能多的服务汇集到"易小儿"，而导致了产品线的混乱，产品的独特性不突出，没有主打产品。这也使了我们在校赛阶段遇到了很大的困难，也受到了很大的质疑。但犯错误、不完善并不可怕，要勇于去改正。

在校赛后，我们在无数次的激烈讨论后，对"易小儿"进行了全方位的改造。首先明确了产品定位，我们将目标客户锁定为 0~6 岁的小孩以及新一代宝妈；并形成了以食疗、药浴和推拿为核心的三大产品体系；创建了以精准推荐为核心，涵盖抖音、微信、知乎等的营销模式。

这背后是我们付出的努力，我们见证过西南交通大学凌晨的模样，涉足了很多自己并不熟悉的领域。光路演的 PPT 和路演稿我们前前后后就修改了上百次，对每一个产品的介绍词都精雕细琢。为了调研市场环境，我们走遍了成都的大街小巷；为了改良我们的产品，我们四处寻访专家。正是一次又一次的努力，才让"易小儿"逐渐成长。

我们也很幸运，有一个强大且温情的导师团队。首先是最棒的苗苗老师。从开始决定参加比赛到最后拿到国家"特等奖第二名"的好成绩，都少不了苗苗老师对我们的辛勤教导以及丰富的资源支持。记得"三创"赛全国总决赛终极 PK 时，苗苗老师特意换上了和我们一样的定制队服，为我们加油、鼓掌。感谢我们最美丽的苗苗老师。刘永武老师、文燕老师等也在各个方面给予了我们巨大的帮助。我们能有所建树，离不开导师们给予我们的巨大帮助。再次感谢所有在成长道路上帮助过我们的老师和同学。

当然，好团队也是"易小儿"成功的一个十分重要的因素。很感激遇见四位如此优秀的队友。一开始组成团队是因为彼此比较熟悉，后来发现，因为各自专业大相径庭，而且大多与"三创"赛相关性不大，反而给我们带来了一些困难。

我们很多的知识和技能都要从头学起，好在大家团结一心不放弃，一起携手渡过了一个又一个难关。其实一路走来不算顺利，校赛和省赛都是擦边晋级。但是由于我们团队的向心力和凝聚力，大家互相鼓励，互相理解，互相体谅，才有了一个不断进步的"易小儿"。

没有人会抱怨熬夜到凌晨四五点，就算第二天有早课、有考试。每一个人都在默默地牺牲自己的休息时间，大家想做的只是让项目好一点，再好一点。而我有幸，身在如此优秀的一个团队。

创业教会我们敢想敢做，比赛教会我们不抛弃不放弃，老师带给我们温暖，团队带给我们动力。这次"三创"赛之旅注定不平凡，感恩相遇，愿彼此未来繁花似锦。

戴开来（小戴）
2019 年 2 月 11 日

梅花香自苦寒来

在参加比赛之前的很长一段时间里,我都处于一种很迷茫的状态,一方面希望能够通过参加比赛来获得一些免研加分;另一方面总是害怕自己做不好,不敢尝试。

纠结了很久,最终还是勇敢地迈出了这一步,和熟悉的朋友们一起报名参加了"三创"赛。参加"三创"赛确实收获了很多,我觉得这是我大学四年来做得最正确、最值得的事情之一,也是因为参加了比赛,大三学年过得无比充实,也因此成长了许多。

大三下学期,我们专业的课程压力还是挺大的,很多专业课都集中在这一学期,有好几个课程设计要做。有时候比赛、学业以及社团方面的事情都挤在一起,自己也会手足无措。因为每一件事情都很重要,我希望能把每一件事情都做好,就会感觉压力倍增,不确定自己是否能坚持下去。这时,是朋友、老师的不断鼓励,让我相信自己,继续坚持下去。

让我印象最深刻的是在准备省赛的时候,团队成员的事情都很多,以至于我们在省赛前一晚才确定最终版答辩 PPT。凌晨 2 点的时候我们还在社团办公室紧张地模拟第二天的答辩,就在这时苗苗老师发微信说要来看我们。当时真的觉得特别感动,能遇到这样一位温暖负责的指导老师,我觉得我们团队非常幸运。最终,在第二天省赛时也取得了不错的成绩,获得了参加国赛的资格。

从开始准备校赛到省赛再到最终的国赛,大概持续了半年的时间,我们从一开始的迷茫,不知道从何处着手,站在台上面对评委的提问时不知所措,到后来在国赛答辩现场,可以从容地回答评委老师的问题。

一点点的经验积累造就了我们的成长。就我个人而言,在这个过程中,我觉得自己成长了很多,有了更多的担当,面对事情能够更加冷静地思考。令我感到意外的是,参加比赛并没有对我的学业产生负面影响。相反,我大三下学期的专业课取得了比以往更好的成绩。现在回想起来,参加比赛让本就忙碌的大三学年更加忙碌充实。正是因为时间紧迫，自己才会思考如何规划时间，更加珍惜不可多得的学习时光。用心去把每一件事情做好，虽然辛苦，却很值得。

　　这次经历让我明白，一切成就都不是轻易得来的，曾经我只看到其他人站在领奖台上的光鲜亮丽，羡慕他们取得的成就，却不知道他们在背后付出了多少努力与汗水。自己经历过之后才知道，只有付出比别人更多的努力，用心做事才有可能成功。

李鹏园（园园）

2019 年 1 月 27 日

最美遇见你们

前前后后忙了近半年的比赛,在拿到国家"特等奖第二名"证书的那一刹,结束了。从一开始的毫无头绪,到后来慢慢地水到渠成,都在那一刻落幕了。每一次经历都是生活给予的宝贵经验,是成长的必然。这次参加"三创"赛也不例外,从项目筹备到最后得奖,虽然走得辛苦又坎坷,但都是值得的。

大二下学期做得最棒的事情就是和大家一起参加"三创"赛。大二是我非常迷茫的一个阶段,并不出色的成绩让我在考研和就业中间犹豫,并不知道接下来的大学生活该朝哪一个方向努力。

当参加比赛的机会摆在我面前时,虽然对未来要付出的努力和辛苦惴惴不安,但我还是毫不犹豫地选择了参加。所幸,在参加比赛的过程中,我遇到了很好的团队,大家各有所长,为着一个目标努力,又互相体谅、彼此照顾。参加比赛的过程中,我从每个人身上学到了很多东西,养成了多做准备的习惯。对我来说,这些比获奖更重要。

半年里,一次次修改,一次次排演,大家相互督促着,相互鼓励着。这个过程,比奖项更有意义。还记得为了比赛在宿舍楼跑上跑下借合适的衣服和鞋子,一遍遍练习稿子;还记得凌晨三点大家嘻嘻哈哈地走在校园中,想着比赛后的团建;还记得国赛决赛前一晚得知主办方电脑配置较低,大家慌忙回到酒店,四台电脑摆在一起,准备着一个又一个版本的展示 PPT,又在准备好后长舒一口气,喝着可乐庆祝。一件件的小事,带着努力的喜悦,带着青春的热血,让课业繁重的大二学年,有了一丝轻松,多了一点充实。

我明白,任何好成绩的取得都建立在充分的准备之上。要反复练习,要有团队精神,多多听取他人的建议,把自己的真实水平发挥出来。在比赛中,还要表现真实的自己,台风自然,语音自然,一举一动都要自然。欣赏自己,让自己表现得更好;也欣赏他人,学习他人的长处。

结束那天觉得一下子就轻松了,紧张、压力都随着比赛的结束消失了，自在而又不真实。后来，看着大家的朋友圈又突然感慨万千，没有了比赛的日子逐渐平淡，准备展示环节准备到抓狂也已成为回忆。从在台上紧张到打战，到后来能够自信而流利地回答评委老师的问题，我的语言表达能力也一点点地在提高，和陌生人交际的水平也在一点点提高。

感谢这次比赛，感谢这些美好的相遇！

王耀卫（小波）
2019 年 1 月 30 日

代后记

一首歌

有一次,在远处的蓝色山丘上,
与松树和云,在那些高耸静止的地方,
停驻的是你们的欢声和带着笑语的模样。
当我们一起漂流时,
我所有的梦想都在飞翔,
我跟着一首小精灵的歌——唱。

有一次,在山上,
穿着红色的红色石榴花,
从来没有听说过一个哭泣的世界,
一个有孩子眼睛的神。
当我们一起漂流时,
我所有的青春都在散发光芒,
我跟着一个精灵歌手的长笛——畅想。

有一次,他在那里对我歌唱,
在那拂晓的空气中,
他像春天的精神一样歌唱。
天使打开门,
整个天空都听见了——如果天空能听到它,

他就像彩虹的灵魂一样歌唱。

在春天自己的翅膀上，
击败过往。
一首歌太开心，
勇敢让青春升腾；
一首歌太开心，
自由让梦想驰骋。

在这些神圣的地方，
不锈钢的高度，
歌声和崇拜的心，
在响亮的世界咆哮着潮起潮落。
在黎明时分，
我抓住，但是一条破碎的五线谱留给我的歌曲，
再不再是我的山上。